MANUAL DE DOCTRINA CRISTIANA

T5-BTG-959

E	*Aprendimos*
S	*Vivimos*
T	*Predicamos*
O	

EDITORIAL PENTECOSTAL
Apartado 21065
Río Piedras, P.R. 00928

Preparado por el Comité de Educación Cristiana de la
Iglesia de Dios Pentecostal, Movimiento Internacional

Primera edición, 1987: 10.000
Redactada por Wilfredo Calderón

Segunda edición, 1992: 10.000
Actualizada por:
Rafael Ruiz　　　　　　Julio Matos
Eleuterio Feliciano　　　Pedro Martínez Lugo
　　　　　Fernando Lamigueiro

Todos los derechos reservados
Copyright ©
ISBN 0-938127-14-4

Indice

Introducción	5
1. La Santa Biblia	7
2. La Santa Trinidad	11
3. Dios el Padre	15
4. Dios el Hijo	21
5. Dios el Espíritu Santo	25
6. El hombre	31
7. La salvación	35
8. La iglesia	41
9. La santidad	45
10. La oración	49
11. La conducta cristiana	55
12. Deberes y disciplina en la iglesia	59
13. El bautismo en agua	65
14. La Santa Cena	69
15. El bautismo en el Espíritu Santo	73
16. Los dones del Espíritu Santo	77
17. El cristiano y la mayordomía	81
18. Sanidad divina	89
19. La segunda venida de Cristo	93
20. Eventos del futuro	97
21. El milenio	101
22. Satanás	105
23. Urbanidad en el culto pentecostal	111

Introducción

La Iglesia de Dios Pentecostal, Movimiento Internacional dio inicio a su obra de evangelización en Puerto Rico a finales del año de 1916. Las actividades iniciales tuvieron lugar cuando llegaron a la isla los primeros misioneros pentecostales procedentes de Hawai, vía California. Estos misioneros eran puertorriqueños que, junto a muchos otros paisanos salieron al lejano archipiélago en las emigraciones de principio de siglo en busca de mejor suerte. Ahora regresaban con las buenas nuevas para compartirlas con sus coterráneos. Después de cinco años de ardua y fructífera labor evangelística se llevó a cabo la primera asamblea en la ciudad de Arecibo, en noviembre de 1921. Para lograr la protección legal de la obra y facilitar su desarrollo se acordó inscribirla como entidad jurídica en la Secretaría del Estado Libre Asociado de Puerto Rico, lo cual tuvo lugar el día 13 de febrero de 1922.

La Iglesia redactó y promulgó sus primeros estatutos en el año de 1921. Estos fueron revisados por primera vez en el año de 1951. La segunda revisión se hizo en 1965.

Hoy la Iglesia de Dios es un movimiento internacional con obras establecidas en los países del Caribe, en Centro y Sur América, en México, en Estados Unidos, en Canadá, en Europa, en el lejano archipiélago de Hawai y en Australia.

En su preocupación y buen deseo de cumplir con el mandato que nos dio nuestro Señor Jesucristo: "Id, y haced discípulos a todas las naciones, bautizándolos en el nombre del Padre, y del Hijo, y del Espíritu Santo; enseñándoles que guarden todas las cosas que os he mandado" (Mateo 28:19,20), nos hemos dado a la tarea de producir este manual de instrucciones bíblicas conforme a los postulados de nuestra fe. Hemos comisionado al Comité de Educación Cristiana para su redacción. Esperamos que este sea de utilidad para nuestros pastores y que sirva como herramienta de trabajo en la orientación de nuevos convertidos de tal forma que su nueva vida en Cristo esté bien cimentada en la Palabra de Dios. También abrigamos la esperanza de que todo el que lea estas lecciones reciba ayuda y empiece, fortalecido por su fe, a caminar con paso firme hacia su meta de superación espiritual.

Estudio 1

LA SANTA BIBLIA

La Biblia es la Palabra de Dios. El autor de la Biblia es Dios. El escogió a hombres santos para que escribieran la Biblia en su propio estilo, siendo inspirados por el Espíritu Santo.

I. La inspiración de las Escrituras

La Biblia misma advierte al lector acerca de su inspiración divina: "Toda la Escritura es inspirada por Dios, y útil para enseñar, para redargüir, para corregir, para instruir en justicia, a fin de que el hombre de Dios sea perfecto, enteramente preparado para toda buena obra" (2 Timoteo 3:16,17). "Porque nunca la profecía fue traída por voluntad humana, sino que los santos hombres de Dios hablaron siendo inspirados por el Espíritu Santo" (2 Pedro 1:21). El significado bíblico de la palabra *inspiración* es, el acto mediante el cual el Espíritu Santo dirigió a los escritores de la Palabra sagrada a que declararan por escrito todo lo que Dios quiso revelar a los hombres (1 Tesalonicenses 2:13).

II. Sus divisiones principales

La Biblia está compuesta por el Antiguo Testamento (que tiene 39 libros) y el Nuevo Testamento (con 27 libros). Fue escrita por unos cuarenta autores, los cuales escribieron durante un período de aproximadamente 1.600 años. La Biblia fue escrita en tres idiomas: hebreo, arameo y griego. El Nuevo Testamento fue escrito en griego. La palabra *testamento* en el sentido bíblico significa "pacto" o "convenio". En el Nuevo Testamento se señala la relación que existe entre Dios y su pueblo (1 Corintios 11:25). Tanto el Antiguo como el Nuevo Testamento fueron inspirados por Dios. El propósito primordial de las Sagradas Escrituras es llevar al hombre el conocimiento de Cristo como su Salvador personal (Juan 20:31; 2 Timoteo 3:15).

III. El deber cristiano hacia la Biblia

El mismo Señor Jesucristo nos invita a que escudriñemos las Escrituras. El dice: "Escudriñad las Escrituras; porque a vosotros os parece que en ellas tenéis la vida eterna; y ellas son las que dan testimonio de mí" (Juan 5:39). El Espíritu Santo nos enseña a entender la santa Biblia. "Mas el Consolador, el Espíritu Santo, a quien el Padre enviará en mi nombre, él os enseñará todas las cosas, y os recordará todo lo que yo os he dicho" (Juan 14:26). Si estudiamos la Palabra de Dios diariamente obtendremos fe y sabiduría (Salmo 119:72; Romanos 10:17) para poder vivir una vida victoriosa.

IV. Traducciones y versiones

La Biblia fue escrita originalmente en hebreo y arameo (el Antiguo Testamento) y griego (el Nuevo Testamento). El Antiguo Testamento fue traducido al griego en el siglo tres antes de Jesucristo por más de setenta escribas judíos en Alejandría bajo las órdenes del rey egipcio Tolomeo Filadelfo. Esta es la versión que se conoce como la *Septuaginta* y era la que se usaba en el tiempo de Jesús. Los escritos del Nuevo Testamento fueron apareciendo a partir de la mitad del primer siglo de nuestra era. En el siglo tres después de Cristo surgió la primera colección de los libros de la Biblia como la conocemos hoy, dividida en Antiguo y Nuevo Testamento. A este arreglo se le dio el nombre de *canon* y fue el que circuló entre los cristianos durante los primeros siglos de la era cristiana.

Podemos mencionar algunas de las traducciones y versiones de la Biblia en español, las cuales empezaron a surgir a partir del siglo trece de nuestra era:

1. **La Biblia Alfonsina**, fue traducida de la versión conocida como la Vulgata latina, bajo las órdenes del rey español Alfonso el Sabio (1252-1284).

2. **La Biblia de Casiodoro de Reina**, conocida también como la Biblia **del Oso**, por el dibujo que aparece en la portada de esta (1569).

3. **La Biblia de Cipriano de Valera** que es una revisión de la versión de Casiodoro de Reina. Esta revisión se hizo en 1602.

4. **La Versión Reina-Valera, revisión de 1960**, que es la última revisión hecha por las Sociedades Bíblicas de la **Biblia del Oso**. Esta es la de mayor circulación entre las iglesias evangélicas de hoy.

5. **La de Felipe Scío de San Miguel** (versión católica, 1793).

6. **La de Félix Torres Amat** (versión católica, 1824).

7. **La de Nácar y Colunga** (versión católica, 1944).

8. **La Versión Moderna** (1893).

9. **Dios habla hoy.**

Preguntas de repaso

1. ¿Quién es el autor de la Biblia?

2. ¿A cuántos hombres escogió Dios para que escribieran la Biblia?

3. ¿Qué entendemos por la palabra *inspiración*?

4. ¿Cuántos libros tiene la Biblia?

5. ¿En cuántos años aproximadamente se escribió la Biblia?

6. ¿Qué significa la palabra *testamento* en el sentido bíblico?

7. ¿Cuál es el propósito primordial de las Sagradas Escrituras?

8. ¿A qué nos invita Cristo con relación a las Escrituras?

9. ¿Quién nos capacita para que entendamos la Palabra de Dios?

10. Mencione dos beneficios que se obtienen de la lectura de la Biblia.

11. Explique algo sobre las versiones más conocidas de la Biblia.

Estudio 2

LA SANTA TRINIDAD

I. Definición de esta doctrina

La doctrina de la Trinidad es el eje del pensamiento cristiano. La palabra "Trinidad" denota no solamente la cantidad de tres personas sino también implica la unidad que existe entre ellas. Esta no es una doctrina concebida por la razón humana sino que ha sido revelada por Dios mismo. Un entendimiento claro de esta enseñanza sólo se adquiere por medio de la revelación que Dios nos ha dado de sí mismo y de cada una de las personas de la Trinidad. Así es como aprendemos que una de las obras principales del Padre es la creación del universo, la principal obra del Hijo es la redención del hombre y la principal obra del Espíritu Santo es la santificación del creyente.

II. La Trinidad en el Antiguo Testamento

En el Antiguo Testamento sólo tenemos indicaciones de la Trinidad de Dios en lo que se nos revela de sus relaciones como una Realidad viviente.

1. En conexión con la creación (Génesis 1:2).

2. Con relación al hombre (Génesis 1:26).

3. En algunas teofanías o manifestaciones de la Deidad, especialmente en casos en que hubo una manifestación de más de una persona divina. También en los

casos en que se habla del Angel de Jehová (Génesis 32:30; Exodo 23:20-22).

III. La Trinidad en el Nuevo Testamento

En el Nuevo Testamento hay una revelación más clara de las distinciones personales de la Deidad.

1. Los hechos relativos de esta doctrina son en primer lugar que el Verbo se hizo carne (Juan 1:1,14) y que el Espíritu Santo hizo su habitación en la Iglesia (Juan 14:17; Hechos 2:4).

2. Cristo resumió el mensaje del Antiguo Testamento y nos introdujo al misterio de la Trinidad cuando hizo las siguientes declaraciones: "Todo lo que el Padre hace, también lo hace el Hijo" y "que sean uno, así como nosotros" (Juan 5:19; 17:11).

3. En el bautismo de Jesús en el Jordán, el Padre habló desde los cielos y el Espíritu Santo descendió en forma de paloma (Mateo 3:16,17).

4. En la gran comisión, Jesús mencionó las tres personas como de una misma categoría para la fórmula bautismal: "Bautizándolos en el nombre del Padre, y del Hijo, y del Espíritu Santo" (Mateo 28:19).

5. En 1 Juan 5:7 se habla claramente de una triunidad.

6. Jesús prometió enviar al Espíritu Santo, el cual vendría del Padre para dar testimonio del Hijo y convertir a los discípulos en verdaderos testigos de este mensaje (Juan 16:26,27).

7. Jesús notó la tristeza de sus discípulos, y les dijo que les convenía que El se fuera para poder enviarles al Consolador (Juan 16:5-7).

8. La Trinidad viene a morar en los justos: "El que

me ama, mi palabra guardará; y mi Padre le amará, y vendremos a él, y haremos morada con él" (Juan 14:23).

IV. Conclusión

Dios es uno en naturaleza y trino en su manifestación personal.

Atanasio, en el siglo cinco, formuló la siguiente declaración para combatir el triteísmo (tres dioses) y el sabelianismo (la no distinción entre las personas): "Adoramos a Dios en Trinidad y a la Trinidad en unidad, sin confundir las personas ni separar la sustancia. Lo que es el Padre lo es también el Hijo y el Espíritu Santo. El Padre es increado, igual que el Hijo y el Espíritu Santo. El Hijo fue engendrado por el Padre; no fue hecho ni creado, sino que es coeterno con el Padre y con el Espíritu Santo. El Espíritu Santo vino del Padre y del Hijo; no fue creado ni engendrado, sino que procede de ambos eternamente." (Tomado de la *Teología bíblica y sistemática* de Myer Pearlman.)

El orden de la Trinidad como Padre, Hijo y Espíritu Santo, no significa prioridades en la esencia divina ni establece diferencias cronológicas o de dignidad. Este es únicamente un orden lógico de derivación.

Preguntas de repaso

1. ¿Por qué decimos que la doctrina de la Trinidad es el eje del pensamiento cristiano?

2. ¿Cómo llegó a nosotros la doctrina de la Trinidad?

3. ¿En qué término de Génesis 1:26 se anticipa la doctrina de la Trinidad?

4. ¿A quién representa el "Angel de Jehová" en las teofanías del Antiguo Testamento?

5. ¿Qué hechos del plan de Dios revelaron con mayor claridad las distinciones personales de la Trinidad en el Nuevo Testamento?

6. Cómo se manifestaron las tres personas de la Trinidad en el bautismo de Jesús en el Jordán?

7. ¿Por qué creemos que la fórmula bautismal de Mateo 28:19 es una proclamación de las personas de la Trinidad?

8. ¿Cómo se presenta la Trinidad en la promesa de Jesús a sus discípulos en Juan 15:26,27?

9. Anote las primeras expresiones de la declaración de Atanasio sobre la Trinidad.

Estudio 3

DIOS EL PADRE

La idea de Dios es prácticamente universal en el género humano. Se encuentra en toda nación, pueblo y lengua. Dios existe por sí mismo y hace que todas las cosas dependan de El. Juan 5:26 afirma que "el Padre tiene vida en sí mismo". Dios se nos revela en las Escrituras como un Ser personal, independiente, trascendente e inmanente. Puede conocerse únicamente por medio de la revelación que él hace de sí mismo.

I. La naturaleza de Dios

La naturaleza de Dios se revela de manera progresiva por medio del uso de los nombres que se le dan en las Escrituras. El pueblo hebreo conocía a Dios mediante los nombres que se le adjudicaban de acuerdo con las obras providenciales que El realizaba.

El primer nombre que encontramos en la Biblia es *Elohim*, el cual significa "plenitud" o "facultad". Se emplea en los pasajes en que se habla de su poder creador, como en Génesis 1:1. El nombre *Jehová* procede del verbo "ser" en el hebreo y abarca los tres tiempos gramaticales: pasado, presente y futuro. Significa "el que fue", "el que es" y "el que será": el Eterno.

Los judíos acostumbraban formar los nombres que adjudicaban a Dios usando como base el nombre *Jehová* y agregando una expresión representativa de una obra realizada por El o una de sus características históricas.

Por ejemplo en la expresión "Jehová...Dios de Abraham, Dios de Isaac, y Dios de Jacob" (Exodo 3:4-6) se revela la fidelidad de Dios en el cumplimiento de sus promesas a los patriarcas. Los siguientes nombres compuestos nos dan una idea de las distintas maneras en que se manifestaba El a su pueblo:

1. *Jehová-rafá*: "Yo soy tu sanador" (Exodo 15:26).

2. *Jehová-nissi:* "Jehová es mi bandera" (Exodo 17:8-15).

3. *Jehová-shalom:* "Jehová es paz" (Jueces 6:24).

4. *Jehová-rahá:* "Jehová es mi pastor" (Salmo 23:1).

5. *Jehová-yiré:* "Jehová proveerá" (Génesis 22:14).

6. *Jehová-tsebahot:* "Jehová de los ejércitos" (Salmo 46:7,11).

7. *Jehová-shamá:* "Jehová está allí" (Ezequiel 48:35).

Es muy importante también el nombre *Adonaí* que significa "Señor" y expresa la idea de gobierno y dominio. Este nombre se usa unido a *Elohim* en expresiones como "Señor mío, y Dios mío" (Juan 20:28). Cuando se le llama *El Shadai* se ve a Dios como poderoso en la naturaleza y como fuente de toda bendición. Esto expresa la idea de que todo está subordinado a su divina gracia (Exodo 6:2). El nombre *Padre* se usa tanto en el Antiguo como en el Nuevo Testamento y reconoce a Dios como productor de todas las cosas (Hechos 17:28). Otro nombre significativo es *El-Elyon*, el cual significa simplemente "el Altísimo" (Génesis 14:18-20).

II. Los atributos esenciales de Dios

Cuando hablamos de atributos estamos aludiendo a

algo que es propio de Dios, o preferiblemente para referirnos a sus perfecciones divinas.

1. *Dios es Espíritu.* En Juan 4:24 se establece esta cualidad divina, con lo cual se establece que es incorpóreo e invisible. No obstante, en ocasiones se ha manifestado en forma visible, como en Juan 1:32.

2. *Dios es Infinito*; es decir que no esta sujeto a limitaciones humanas ni naturales. En 1 Reyes 8:27 se ve que trasciende el espacio y en Exodo 15:18 se relaciona con el tiempo: es eterno.

3. *Dios es Uno.* La unidad de Dios se ve en Deuteronomio 6:4 y Marcos 12:29; pero esta característica no contradice en nada la doctrina de la Trinidad.

4. *Dios es Omnipotente.* Con esto se indica que lo puede hacer todo. Dios habló de su omnipotencia en Génesis 17:1.

5. *Dios es Omnipresente*; es decir que no está limitado por distancia o espacio (Génesis 28:15,16; Salmo 139:7-12; Proverbios 15:3).

6. *Dios es Omnisciente*; es decir que todo lo sabe y su conocimiento es perfecto (Génesis 18:18; Salmo 139:1-6; Proverbios 15:3).

7. *Dios es Soberano*; es decir que tiene derecho de gobernar y disponerlo todo (Daniel 4:35; Mateo 20:15).

III. Los atributos morales de Dios

1. *Dios es santo.* La santidad de Dios es absoluta. Este atributo habla de la pureza moral de Dios (Exodo 15:11).

2. *Dios es justo.* La justicia de Dios está relacionada con su santidad y es la base de las recompensas y el

castigo a los hombres. Dios es el juez de toda la tierra (Isaías 11:3,4).

3. *Dios es fiel*. La fidelidad de Dios es la base fundamental de la fe del creyente (Deuteronomio 7:9; Apocalipsis 1:5).

4. *Dios es misericordioso*. Nuestra salvación proviene de la misericordia de Dios (Tito 3:5).

5. *Dios es amor* (1 Juan 4:8). Esta característica de Dios se manifiesta en la creación y el cuidado del hombre, y se engrandece en la salvación y bendición de los que creen en él.

IV. La existencia de Dios

La existencia de Dios no se discute en las Escrituras; simplemente se da por sentada. Encontramos pruebas de su existencia en la creación. Génesis 1:1 da por hecho que "en el principio creó Dios los cielos y la tierra". En el Salmo 19:1 se dice que "los cielos cuentan la gloria de Dios, y el firmamento anuncia la obra de sus manos". En segundo lugar, existen testimonios de la existencia de Dios dentro de todo ser humano. Todo hombre o mujer tiene la idea de Dios en su interior con un sentimiento de dependencia que le señala su debilidad y pequeñez ante un ser supremo. En Romanos 2:13-15 se nos habla de la ley natural, "escrita en sus corazones, dando testimonio su conciencia". Esto implica que la vida del hombre está regulada por su concepto del bien y del mal. Dios se ha revelado también en la historia y en la experiencia humana.

Sin embargo, la expresión más precisa y clara la encontramos a través de las páginas de las Sagradas Escrituras. Cuanto más leemos la Biblia, tanto más vemos en ella la manifestación de un Dios personal, poderoso y lleno de amor. El concepto que tengamos de

Dios es el fundamento de la calidad de vida que viviremos.

Preguntas de repaso

1. ¿Qué significa la idea de que Dios es "universal"?

2. De acuerdo con Juan 5:26, de dónde proviene la existencia del Padre?

3. ¿Qué significa el nombre *Elohim*?

4. ¿Qué significa el nombre *Jehová*?

5. ¿Qué significa el nombre compuesto *Jehová-shalom*?

6. Menciones cinco de los atributos esenciales de Dios que se enumeran arriba.

7. Menciones cuatro de los atributos morales de Dios que se dan en este estudio.

8. Explique por qué razón no se discute la existencia de Dios en la Biblia.

9. Explique cómo se revela la existencia de Dios (a) en la creación, (b) en la conciencia humana y (c) en las Escrituras.

Estudio 4

DIOS EL HIJO

"¿Quién dicen los hombres que es el Hijo del Hombre?" (Mateo 16:13). Esta pregunta fue formulada por Jesús a sus discípulos cuando andaban por Cesarea de Filipo y aún está en vigencia en el día de hoy. Jesucristo es la representación personal de Dios el Padre. El Antiguo Testamento lo anunció por medio de tipos y profecías. "Cuando vino el cumplimiento del tiempo" (Gálatas 4:4), "aquel Verbo se hizo carne, y habitó entre nosotros" (Juan 1:14) para hacer eficaz la reconciliación. En Juan 8:58, El dijo: "antes que Abraham fuese, yo soy". Esta expresión señala su preexistencia. En su bautismo en agua recibió la vocación mesiánica, subrayada por la visión de los "cielos abiertos", el descenso del Espíritu Santo en forma de paloma y por la voz de Dios el Padre que declaró: "Este es mi Hijo amado, en quien tengo complacencia" (Mateo 3:16,17).

I. Sus nombres denotan divinidad

Podemos conocer a Jesús por medio de sus nombres:

1. Su primer nombre, *Jesús*, significa "Salvador", tal como se expresa en Mateo 1:21.

2. El nombre *Hijo de Dios* nos hace ver su deidad. Este fue tomado del ritual israelita del Salmo 2:6-12. (Vea también Hebreos 1:5.) En Mateo 7:21 y Juan 3:13 Jesús habla de la primera persona de la Trinidad como

"mi Padre". En la Biblia se descubre un amor mutuo entre el Padre y el Hijo que es exclusivo de la Divinidad.

3. El nombre *Señor* implica soberanía y denota propiedad y autoridad (Mateo 8:8,9; Lucas 6:46; Apocalipsis 1:5).

4. Cuando se le llama *Hijo del Hombre* se resalta su divinidad en contraste con su naturaleza humana (Mateo 11:27; Marcos 2:10,11).

5. El nombre *Cristo* es la forma griega (*Cristós*), del vocablo hebreo *Mesías* (*Mashahia*) que significa "Ungido" (Isaías 61:1; Lucas 4:17,18).

6. Con el nombre *Hijo de David*, se establece la línea genealógica de Jesús (2 Samuel 7:16; Mateo 1:1; Hechos 2:29,30).

II. Su humanidad

Era necesario que Cristo tomara la naturaleza humana porque el castigo del pecado exigía sufrimiento del cuerpo y del alma. Pero se requirió que la naturaleza humana de Jesús fuera pura y sin pecado.

En Filipenses 2:7-8 se habla de la humillación de Jesucristo. La encarnación y los sufrimientos son parte de su humillación. El Verbo se hizo carne (Juan 1:14). Su concepción fue sobrenatural (Lucas 1:35). Sus sufrimientos se ven desde su tentación en el desierto (Mateo 4:11) hasta su angustia en el Getsemaní y su muerte en la cruz del Calvario (Mateo 27:32-50).

III. Su exaltación

En 1 Corintios 15:20 se habla de la resurrección de Jesús, con lo cual se garantiza también la resurrección del creyente. Su ascensión queda expresa en Lucas 24:51 y Colosenses 3:1. En Hebreos 9:12-14, Jesús aparece en la presencia del Padre intercediendo por nosotros. Su regreso a esta tierra se expresa en Apocalipsis 19:11-16. En su segunda venida, Jesús aparecerá con carácter de Juez, para juzgar al mundo (Juan 5:22,27; 2 Tesalonicenses 2:8).

IV. Sus oficios

1. Cristo como *Profeta*. El oficio de Jesús como profeta se puede trazar a lo largo de la historia, desde la creación hasta su muerte. Todos los profetas de Israel tipificaban al gran Profeta que iba a venir. En Deuteronomio 18:15,18 se anuncia la venida de Cristo como el verdadero profeta de Dios. En el Antiguo Testamento, se manifestó a veces como "el ángel de Jehová". En el Nuevo Testamento Jesús es el Señor encarnado, quien se dedica a proclamar el mensaje que trajo de su Padre (Juan 8:26-28). Como profeta El también predijo eventos futuros (Mateo 24:3-35).

2. Cristo como *Sacerdote*. Este oficio de Cristo está en vigencia desde su ascensión hasta su segunda venida. El escritor de Hebreos describe al Señor como nuestro Mediador y perfecto Sumo Sacerdote. Entre los oficios de profeta y sacerdote hay una notable diferencia.

El profeta es un representante de Dios ante los hombres; el sacerdote es un representante de los hombres ante Dios.

3. Cristo como *Rey*. Aunque Cristo ha sido llamado Rey a través de la Biblia, este oficio será desempeñado por El a partir de su segunda venida. Según el Antiguo Testamento, el Mesías sería el gran Rey que reinaría con justicia y prosperidad (Isaías 11:1-9). En Mateo 28:18, el Señor proclama: "Toda potestad me es dada en el cielo y en la tierra." El propósito principal del libro de Apocalipsis es presentar a Cristo como Rey de reyes y Señor de señores.

V. Su obra

La obra cumbre de Jesucristo fue morir para liberar al hombre de su pecado, que es lo que impide que el género humano pueda acercarse a Dios (1 Timoteo 1:15). Eso es algo que nadie más podía realizar. Al morir en la cruz, Jesús quitó esa barrera.

En la maravillosa persona de Cristo Jesús, el ser humano puede encontrar todo lo que su corazón anhela. El tiene en su mano todo poder en el cielo y en la tierra. Este despliegue de soberana autoridad será lo que hará que se doble ante él toda rodilla y toda lengua confiese que El es el Señor (Filipenses 2:10).

Preguntas de repaso

1. Mencione algunos de los nombres que se le adjudican a Cristo. Describa su significado.

2. Explique cómo se ve la preexistencia de Jesús en Juan 8:58.

3. Describa la función de Jesús en su oficio de Profeta.

4. Explique qué hace El como Sacerdote.

5. Hable de las funciones de nuestro Salvador como Rey.

6. Mencione la evidencia bíblica de la deidad y la humanidad de Cristo.

7. Describa el contraste que hay entre la humillación y la exaltación de Jesús.

8. Explique cuál fue la obra por excelencia de Cristo Jesús.

Estudio 5

DIOS EL ESPIRITU SANTO

El Espíritu Santo es la tercera persona de la Trinidad, procede del Padre (Juan 14:16) y es enviado por el Hijo (Juan 15:26). A través de toda la Biblia se presenta al Espíritu Santo como un Ser dotado de inteligencia, sentimientos y voluntad. Estas son las tres dimensiones integrantes de la personalidad. Que posee inteligencia se comprueba por lo que dijo Jesús en Juan 14:26: "El os enseñará todas las cosas, y os recordará todo lo que yo os he dicho." Los sentimientos del Espíritu Santo se ilustran con la actitud de entristecimiento que se previene en Efesios 4:30. La voluntad decisiva de la tercera persona de la Trinidad queda establecida en 1 Corintios 12:11, con relación a la distribución y administración de los dones espirituales en la Iglesia. El hecho de tener una personalidad no impone la necesidad de un cuerpo.

I. Sus nombres

En la Biblia se dan al Espíritu Santo distintos nombres por los cuales podemos dirigirnos a El y conocerlo mejor.

1. Es muy importante reconocerlo con el nombre de *Espíritu de Dios*, pues en este nombre va implícita la idea del poder ejecutivo de la Deidad. En Génesis 1 - 2:7 se le adjudican operaciones divinas como las del Creador. Su labor es coordinada con el Padre y con el Hijo a

un mismo nivel de dignidad (1 Corintios 12:4-6; Apocalipsis 1:4). En Job 33:4 se indica que el Espíritu Santo genera vida.

2. Como *el Espíritu de Cristo* hace posible y real la omnipresencia de Jesús (Salmo 139:7-12; Proverbios 15:3; Mateo 18:20; Juan 14:17,26).

3. Como nuestro *Consolador* (del griego *Paracleto*, Juan 16:12-23), es el agente de consolación, aliento y dirección para todo creyente.

4. Como *el Espíritu Santo* su labor principal es la santificación de los cristianos (Romanos 15:16; 1 Corintios 6:11; 1 Pedro 1:2).

II. Sus símbolos

1. Cuando se habla de El en la Biblia como *fuego* se concibe como el agente de purificación (Mateo 3:11).

2. Como *viento* se percibe como un agente regenerador (Juan 3:8; Hechos 2:2).

3. Como *agua* realiza las acciones de limpiar y refrescar (Juan 3:5).

4. Como *sello* señala a los creyentes como propiedad de Dios (Efesios 1:13; 4:30).

5. Como *aceite* se implica su uso para la producción de luz, para la unción (Salmo 133), como elemento de sanidad y de iluminación.

6. Como *paloma* se ve en el bautismo de Jesús en el río Jordán e indica su dulzura y amabilidad (Mateo 3:17).

III. El Espíritu Santo en Cristo

1. Se lo describe como el agente de la concepción (Mateo 1:20).

2. Se hizo presente en el bautismo de Jesús (Marcos 1:10).

3. Estuvo presente siempre en el ministerio del Señor (Lucas 11:20).

4. Fue el medio por el cual se ofreció el sacrificio de Jesús (Hebreos 9:14).

5. Fue un elemento clave para la resurrección de Jesús (Romanos 1:4).

6. Es parte de la promesa del Padre a Jesús en su ascensión (Hechos 2:33).

IV. En la vida del hombre

El Espíritu Santo viene al hombre por la fe (Gálatas 3:2; Hebreos 4:2). Su labor empieza con la convicción de los pecadores (Juan 16:7-13) y es elemento activo en la regeneración (Juan 3:3). La expresión *Abba-Padre* de Gálatas 4:6,7 es un clamor del Espíritu Santo que mueve al creyente a reconocer a Dios como su Padre, pues somos hechos hijos de Dios.

El caminar en el Espíritu significa alcanzar victoria sobre los deseos e impulsos de la carne y ser dirigidos por El en todo (Mateo 5:21-23; 1 Juan 3:14,15). En Gálatas 5:22 se menciona al Espíritu Santo como fuente de los frutos espirituales. Surge una nueva ley, la ley del Espíritu (Romanos 8), la cual libera al creyente de la ley del pecado. Si tenemos al Espíritu Santo, tenemos a Cristo en nuestro corazón.

V. Los dones del Espíritu

En el Nuevo Testamento se presentan tres listas de dones espirituales:

Romanos 12:6-8

De profecía (v. 6)

De servicio (v. 7)

De enseñar (v. 7)

De exhortar (v. 8)

De repartir (v.8)

De presidir (8)

De hacer misericordia (v. 8)

1 Corintios 12:8-10

Palabra de sabiduría (v. 8)

Palabra de ciencia (v. 8)

Fe (v. 9)

Dones de sanidades (v. 9)

Milagros (v. 10)

Profecía (v. 10)

Discernimiento de espíritus (v. 10)

Lenguas (v. 10)

Interpretación de lenguas (v. 10)

Efesios 4:11

Apóstoles

Profetas

Evangelistas

Pastores

Maestros

Es interesante observar cómo el apóstol Pablo designa los dones del Espíritu Santo con tres términos: *ministerios*, que son modos de servir; *operaciones*, que son actividades de diversas clases, realizadas en la Iglesia para la obra de Dios y la edificación de los creyentes, y *dones*, que son capacidades especiales dadas por el Espíritu para el servicio de Dios a favor del cuerpo de Cristo.

VI. Pecados contra el Espíritu Santo

El creyente puede "contristar" o apagar el poder del Espíritu Santo en su vida (Efesios 4:30; 1 Tesalonicenses 5:19). También se le puede mentir (Hechos 5:3-4). Se puede blasfemar contra El: "Cualquiera que blasfeme contra el Espíritu Santo, no tiene jamás perdón, sino que es reo de juicio eterno" (Marcos 3:29). Según el contexto, este pecado consiste en adjudicar a Satanás las obras de Cristo. Esto basta para que el pecador se cierre la puerta de la salvación. El pecado de blasfemia será juzgado por Dios, no por los hombres.

El Espíritu Santo opera en el corazón de los hombres para llevarlos a Cristo (1 Corintios 12:3). No es una mera fuerza: redarguye al individuo y tiene una parte activa en la experiencia y la vida de los creyentes (Juan 16:8).

Preguntas de repaso

1. Mencione los nombres que se le dan en la Biblia al Espíritu Santo. Explique el significado de cada uno de estos nombres.

2. ¿Qué símbolos del Espíritu Santo se dan en las Escrituras y qué significan?

3. ¿Desde qué momento empieza a obrar el Espíritu Santo en la vida humana del Señor Jesucristo?

4. ¿Qué participación tuvo el Espíritu Santo en el ministerio de Jesús?

5. ¿Cómo obra el Espíritu Santo en la vida del creyente?

6. ¿Cómo define usted los dones del Espíritu Santo?

7. Enumere los dones del Espíritu Santo según las tres listas que presenta el apóstol Pablo.

8. ¿Qué significa la blasfemia contra el Espíritu Santo?

Estudio 6

EL HOMBRE

Según Génesis, el hombre es corona y rey de todo lo creado. Es objeto del cuidado especial de Dios, quien lo hizo a su imagen, conforme a su semejanza. Dios lo creó y lo estableció como señor de un mundo material y animal. Fue formado del polvo de la tierra, pero Dios sopló en él el aliento de vida, lo dotó de inteligencia y le dio ciertas habilidades y virtudes que lo hicieron distinto de todas las demás criaturas (Génesis 1:26,27; Salmo 8:3-6). Estos pasajes dividen la creación del hombre en dos fases. La primera consiste en la formación de su cuerpo del polvo de la tierra. La segunda es el hacer de él un alma viviente. Por eso decimos que la creación del hombre fue un acto directo de Dios por el cual lo hizo diferente de todo lo creado. Dios hizo al hombre moral y consciente de sí mismo, con inteligencia, con aliento divino en él lo cual lo constituye en un ser inmortal.

I. La naturaleza del hombre

El hombre está compuesto de dos naturalezas: la material y la espiritual. De acuerdo con 1 Tesalonicenses 5:23 y Hebreos 4:12, la naturaleza espiritual del hombre consiste de alma y espíritu. Esto hace que la criatura humana sea una tricotomía: cuerpo (material), alma y espíritu (espiritual).

Por medio del cuerpo el hombre es consciente del mundo material que lo rodea. Por medio del alma tiene una conciencia de sí mismo. Por medio del espíritu adquiere una conciencia de Dios.

II. La imagen de Dios en el hombre

El hombre fue creado a imagen de Dios en justicia y santidad (Génesis 5:1). Hay ciertos elementos que constituyen la imagen de Dios en el hombre:

1. **Su parentesco con Dios**. En Génesis 1:27 se nos indica claramente que el hombre procede de Dios, por lo que es capaz de amarle y servirle. Por su procedencia, todos los seres humanos son hijos de Dios, pero esa relación fue dañada a consecuencia del pecado, el cual lo separó de Dios. Esto exige una nueva creación, "según Dios" (Efesios 4:24): el nuevo nacimiento.

2. **Su carácter moral**. Esta es la capacidad que tiene el ser humano para reconocer el bien y el mal. Esto lo diferencia de los seres irracionales, los cuales carecen de capacidades religiosas o morales.

3. **Su razón**. El hombre es capaz de razonar y reflexionar con relación al origen y causa de las cosas. Puede inventar, crear arte, poesía, música y pintura. Basta con mirar la belleza de la estructura de la civilización para reconocer la capacidad mental del género humano.

4. **Su calidad de inmortal**. El hombre perdió su inmortalidad cuando pecó, pero por medio de Jesucristo vuelve a recuperarse y puede vivir por toda la eternidad. En la Biblia se nos habla de tres clases de muerte: Está la muerte física, la cual destruye el presente cuerpo terrenal. También está la muerte espiritual que consiste en estar alejados de Dios, en pecado (Romanos 5:12-21). Pero también se nos habla de la "muerte segunda" como el juicio que Dios impondrá finalmente sobre todos los inicuos. Sin embargo, el creyente en Cristo ha pasado de muerte a vida (Juan 11:26).

5. Su dominio sobre lo que lo rodea. Dios le dijo a la primera pareja: "Llenad la tierra, y sojuzgadla, y señoread en los peces del mar, en las aves de los cielos, y en todas las bestias que se mueven sobre la tierra" (Génesis 1:28; Salmo 8:5-8).

IV. El destino final del hombre

Cuando el hombre perdió su relación con Dios, su alma quedó muerta en delitos y pecados (Efesios 2:1-3) y por lo tanto quedó bajo condenación eterna (Lucas 12:15; Romanos 6:23). Pero hay un remedio de doble curación, tanto para la culpabilidad como para las consecuencias del pecado. Cristo, por su muerte expiatoria, libra al hombre de su pecado y le brinda redención. Por la fe en la gracia salvadora de Jesucristo el hombre tiene una gran esperanza de resurrección y vida eterna (Juan 3:16; 1 Corintios 15:21-23).

Preguntas de repaso

1. ¿En qué pasajes de la Biblia se habla de la creación del hombre por Dios?

2. ¿Cuáles son las dos naturalezas de las que está hecho el ser humano?

3. ¿Cómo está compuesta la naturaleza espiritual humana?

4. ¿Cómo se identifica la "imagen" de Dios en el hombre?

5. Explique cómo obtuvo el hombre dominio sobre el mundo material y animal que lo rodea.

6. ¿Cuál es el destino final del hombre?

7. ¿Cuál es la fuente principal de nuestro conocimiento acerca del origen del ser humano?

Estudio 7

LA SALVACION

El Señor Jesucristo, por su muerte expiatoria, compró la salvación del hombre, quien desde que incurrió en el pecado de desobediencia en el huerto de Edén permanecía apartado y destituido de la gloria de Dios. Desde ese momento también se vislumbra en la Palabra de Dios la promesa de que El proveería un medio de salvación. "Y pondré enemistad entre ti y la mujer, y entre tu simiente y la simiente suya; ésta te herirá en la cabeza, y tú le herirás en el calcañar" (Génesis 3:15).

Nuestro Señor Jesucristo es el autor indiscutible de nuestra salvación. Esto lo logró cuando fue llevado a la cruz del Calvario para vencer al diablo, al pecado y la muerte. Sobre esa base permite que el hombre lo acepte, que confiese su nombre, que clame a El como Señor de su vida, que sea libre del pecado y salvo por la fe. Veamos la siguiente declaración del apóstol Pablo: "Mas ¿qué dice? Cerca de ti está la palabra, en tu boca y en tu corazón. Esta es la palabra de fe que predicamos: que si confesares con tu boca que Jesús es el Señor, y creyeres en tu corazón que Dios le levantó de los muertos, serás salvo. Porque con el corazón se cree para justicia, pero con la boca se confiesa para salvación" (Romanos 10:8-10).

I. Definición de la salvación

La salvación es un acto de la gracia divina por medio del cual somos libres del pecado y hechos hijos de Dios.

La gracia de Dios no sólo redime al hombre de la culpa sino también del poder del pecado (Juan 1:12; Romanos 6:17,18). La palabra "salvación" (del griego *sotería*) significa "liberación", "emancipación" y "protección". Dios nos salva mediante la aceptación de la muerte expiatoria de Jesucristo:

1. Nos salva del **pecado** (Mateo 1:21).

2. Nos salva de **Satanás** (Hechos 26:18).

3. Nos salva de **la ira** (1 Tesalonicenses 5:9).

4. Nos salva de **este mundo** (Gálatas 1:4)

5. Nos salva de **la muerte eterna** (Juan 3:16).

II. Interrogantes sobre la salvación

1. ¿De dónde viene la salvación? La salvación del pecador tiene su origen en el amor de Dios (Juan 3:16). La base de nuestra salvación es el sacrificio de Jesucristo (Romanos 5:8,9).

2. ¿Cómo se obtiene la salvación? El ser humano sólo puede obtener la salvación por la gracia de Dios, por medio de la fe en la obra de Cristo. No hay otro medio (Efesios 2:8,9).

3. ¿Qué hay que hacer o que pagar por la salvación? Absolutamente nada. Jesús pagó el precio. Todo lo que tiene que hacer el ser humano es aceptar por fe el don gratuito de Dios en Cristo Jesús (Romanos 3:24; Efesios 1:7; Tito 2:11,12).

III. Los tres aspectos de la salvación

1. La *justificación*. Este acto divino es la parte judicial de la salvación, por medio del cual Dios declara al hombre inocente y sin culpa, como si nunca hubiera pecado (Romanos 5:1).

2. La *regeneración*. Mediante esta operación divina, el alma muerta en delitos y pecados recibe nueva vida. Esto hace que el ser humano sea adoptado en la familia divina y sea hecho un hijo de Dios (Juan 1:12,13).

3. La *santificación*. El acto divino de la santificación es el proceso por el cual el Espíritu Santo toma al creyente que ha sido justificado y regenerado, lo separa de todo lo demás y lo dedica al servicio del Señor. Entendemos que la santificación es instantánea y progresiva. Decimos que es instantánea porque es una obra de Dios, y Dios nunca hace las cosas a medias. Sabemos que es progresiva porque el creyente sigue siendo humano y viviendo en este mundo, por lo tanto necesita ser santificado cada día más.

Hay que observar aquí que estos tres aspectos de la salvación son subsecuentes al paso inicial de la conversión, el cual está constituido por el arrepentimiento del pecado y la aceptación por fe de la obra redentora de Jesucristo. El Espíritu Santo nos ayuda a entender el proceso de recibir tan precioso don de Dios (Hechos 3:26; Filipenses 2:13).

IV. La salvación se puede perder

Aunque la salvación es una obra que procede de la gracia divina, sin tomar en cuenta los méritos ni las buenas obras del humano, existen ciertas condiciones que cumplir para poder conservarla.

1. El cristiano debe cuidar de su salvación con temor y temblor, según Filipenses 2:12. Es posible caer de la gracia, pero con la ayuda del Señor se puede evitar. La Biblia se refiere a esto de caer de la gracia como perder lo que se ha recibido o mirar hacia atrás (Mateo 13:12 y Lucas 9:62).

2. El cristiano debe estar consciente de que, a causa

de los placeres de la vida, el hombre puede alejarse de la gracia salvadora hasta perder lo que ha recibido de Dios (Hebreos 10:26-30; 2 Pedro 1:10; 2:21,22).

3. El cristiano debe recordar que Dios no quiere que nadie se pierda sino que todos vengan a Cristo, quien dio su vida por el pecador (1 Timoteo 2:4-6; Tito 2:11,12; Hebreos 2:1-3).

V. Conclusión

Concluimos esta presentación con una exhortación a todo cristiano para que cuide su salvación con temor y temblor. Seamos fieles hasta la muerte para ser galardonados con la corona de la vida (Apocalipsis 2:10). Palabras que no debemos olvidar son las del escritor de Hebreos: "Por tanto, es necesario que con más diligencia atendamos a las cosas que hemos oído, no sea que nos deslicemos... ¿cómo escaparemos nosotros, si descuidamos una salvación tan grande?" (Hebreos 2:1,3). Confiemos en las promesas de nuestro Señor y en la fortaleza que nos imparte su Espíritu Santo para serle fieles mediante la obediencia a su santa Palabra. Vivamos una vida piadosa, ejercitándonos en la oración día tras día.

Preguntas de repaso

1. ¿Quién es el autor de nuestra salvación?

2. ¿Dónde encontramos la primera promesa de salvación en la Biblia?

3. De acuerdo con Romanos 10:8-10, ¿qué hay que creer y qué hay que confesar?

4. Mencione las cinco cosas de las cuales nos salva el Señor.

5. ¿En qué consiste la plena salvación?

6. Según la Biblia, ¿se puede perder la salvación? Mencione algunas pruebas.

7. ¿Cómo podemos cuidar nuestra salvación?

Estudio 8

LA IGLESIA

La palabra "iglesia" viene del término griego *ekklesía*, que significa "sacada" o "llamada". También designa a una "asamblea" o "reunión de creyentes". Esta palabra se usa en dos sentidos: uno se refiere a una congregación o asamblea local de creyentes, reunidos para adorar, estudiar la Biblia y servir al Señor (1 Corintios 16:19). Por otra parte, este término se usa también para referirse a la Iglesia universal, formada por todos los creyentes del mundo (Colosenses 1:18-24). Podemos decir, por tanto, que la Iglesia de Jesucristo es el conjunto total de los hombres y mujeres que durante la dispensación de la gracia han creído en El como Salvador y Señor de su vida, que han sido bautizados en el nombre del Padre, del Hijo y del Espíritu Santo, y que voluntariamente viven para El.

I. ¿Qué es la Iglesia?

1. La Iglesia de Jesucristo es de origen divino, no humano. Jesús es su Fundador y fundamento principal (Mateo 16:17,18; 1 Corintios 3:11; Efesios 2:20).

2. La Iglesia es un pueblo redimido con la sangre de Jesucristo (Efesios 1:7).

3. La Iglesia del Señor es un pueblo separado del mundo (2 Corintios 2:16,17).

4. La Iglesia de Jesucristo es un pueblo dedicado al servicio de Dios (Romanos 12:1,2).

II. La Iglesia es el cuerpo de Cristo

1. Cristo es la cabeza de la Iglesia (Efesios 1:22,23).

2. Los creyentes son miembros de este cuerpo místico de Jesucristo (1 Corintios 12:12-27).

III. La Iglesia es un edificio o templo

1. Cristo es el fundamento y piedra principal de este edificio santo (Salmo 118:22; Hechos 4:11; 1 Pedro 2:6,7).

2. También los cristianos han venido a ser piedras vivas que forman parte de la estructura de este edificio espiritual (1 Pedro 2:5).

3. Dios ha tenido a bien establecer su morada en este edificio que es la Iglesia (Efesios 2:21,22).

IV. Es la novia o esposa de Cristo

Una de las enseñanzas más sencillas e ilustrativas de la Iglesia es lo que el apóstol Pablo escribe en relación con el matrimonio en Efesios 5:24-27. Allí se presenta a Cristo como el Esposo de la Iglesia, la cual debe estar "sujeta" al Señor, así como las casadas lo están "a sus maridos en todo". Cristo amó a la Iglesia como debiera amar el marido a su mujer. Jesús demostró su profundo amor hacia la Iglesia cuando "se entregó a sí mismo por ella, para santificarla, habiéndola purificado en el lavamiento del agua por la palabra" (vv. 25,26). La meta final de Cristo para la Iglesia es "presentársela a sí mismo, una iglesia gloriosa...sin mancha ni arruga ni cosa semejante" (v. 27).

V. La misión de la Iglesia

La misión principal de la Iglesia en este mundo es predicar el Evangelio a toda criatura (Marcos 16:15,16). Además de la tarea evangelizadora, la Iglesia es responsable de la instrucción de los que creen en el Señor. Su deber es dar las enseñanzas de Cristo y de los apóstoles, bautizar a los creyentes y brindarles un ambiente de familia y compañerismo espiritual para que todos vayan creciendo en la gracia. Cada iglesia local debe tener un pastor, quien será el guía espiritual, predicador y maestro de la doctrina cristiana en la congregación. En el Nuevo Testamento se emplean tres diferentes términos para referirse al pastor y sus funciones ministeriales: pastor, obispo y presbítero. Los miembros de la Iglesia deben tener en alta estima a estos siervos de Dios, sostenerlos económicamente, orar por ellos y serles obedientes en el Señor (Hechos 20:28; 1 Corintios 9:13,14; 1 Timoteo 3:2; Hebreos 13:17). La Biblia exhorta a todo creyente a congregarse con los demás para su desarrollo espiritual (Hebreos 10:25).

Preguntas de repaso

1. ¿De qué palabra griega viene nuestro término "iglesia"?

2. ¿Qué significados se dan a esta palabra?

3. Mencione dos requisitos para ser miembro de una iglesia local.

4. ¿Quién es el Fundador y fundamento de la Iglesia?

5. ¿Cuál es la misión principal de la Iglesia de Jesucristo?

6. ¿Cuáles son las funciones principales del pastor en la iglesia?

7. Mencione tres nombres que se le dan al pastor en el Nuevo Testamento.

8. Enumere algunas de las responsabilidades de los miembros de la iglesia hacia su pastor.

9. ¿Qué exhortación encontramos en Hebreos 10:25?

Estudio 9

LA SANTIDAD

La Biblia dice: "Y el mismo Dios de paz os santifique por completo; y todo vuestro ser, espíritu, alma y cuerpo sea guardado irreprensible para la venida de nuestro Señor Jesucristo" (1 Tesalonicenses 5:23). La verdadera santidad tiene dos aspectos: el interno y el externo. El primero es el aspecto del corazón y la conciencia y el segundo tiene que ver con la conducta del individuo. La santidad interna está relacionada con las motivaciones, la externa con las acciones. La interna es un estado de pureza obrado por el Espíritu Santo de Dios en el interior del creyente. La externa es una vida de disciplina y devoción a los más altos ideales del cristianismo.

Pero en la práctica, la santidad interna se manifiesta siempre externamente, sosteniendo unas normas de conducta diferentes a las del mundo. La vida del cristiano es distinta de la del hombre incrédulo, tanto en lo interior como en lo externo. Muchos distorsionan la Palabra de Dios diciendo que "lo de afuera no importa". Pero la Biblia enseña lo contrario (Isaías 3:16-26; Ezequiel 23:40; 1 Corintios 11:15; 1 Timoteo 2:9; Tito 2:3; 1 Pedro 3:3-5).

I. Definición del término "santidad"

La palabra "santificar", como se usa en la Biblia tiene dos sentidos bien claros. El primero tiene que ver con el acto de separar o apartar algo o a alguien de todo lo demás, tal como se hizo con los levitas (Números 8:5-

16; véase también 1 Tesalonicenses 4:3). El segundo significado es el que se refiere a la consagración de algo o alguien para el servicio de Dios. Esto se expresa muy bien en Romanos 12:1,2).

II. Las dos fases de la santificación

1. Es santificado todo aquel que recibe a Jesucristo como Salvador y Señor de su vida. Pablo llama a los que han dado ese paso "santos" (1 Corintios 1:2-9). Esta condición se da en el creyente desde el momento de su conversión (1 Corintios 6:11).

2. Sin embargo, la santificación es una obra progresiva del Espíritu Santo en el creyente (2 Corintios 3:18).

Como podemos ver, la santificación, como obra divina es un acto por el cual el creyente queda en condición de santo desde su conversión. Pero también hay bases bíblicas para concebirla como un proceso continuo y progresivo. Esto quiere decir que el creyente deberá esforzarse por perfeccionar la obra inmediata que realizó en él el Espíritu Santo en el momento de su conversión (2 Corintios 7:1).

III. Necesidad de la santidad

1. Dios es santo y quiere que sus hijos también lo sean (Levítico 11:44; 19:2; 20:26; 1 Pedro 1:15,16).

2. Sin santidad nadie verá al Señor (Hebreos 12:14).

3. La voluntad de Dios es que todos sus hijos seamos santificados (1 Tesalonicenses 4:3).

4. El propósito final de Dios es que seamos semejantes a Jesucristo especialmente en santidad (Romanos 8:29).

IV. La santidad se puede alcanzar:

1. Por la obra del Espíritu Santo en nuestro corazón (1 Corintios 6:11).

2. Obedeciendo la Palabra del Señor (Juan 17:17; Efesios 5:25,26).

3. Por fe en la sangre de Jesucristo (Hebreos 10:10-29).

4. Por un conocimiento más profundo y personal de Cristo (2 Pedro 1:3,4).

5. Mediante una rendición total al Señor (Romanos 6:19).

V. Resultados de la santificación

1. Crecimiento espiritual (2 Pedro 1:5-8).

2. Una vida de triunfo sobre el pecado (2 Corintios 2:14).

3. Aptitud para la realización de buenas obras (Efesios 2:10).

4. Preparación para la segunda venida del Señor (1 Tesalonicenses 3:13).

VI. Normas de santidad

En vista de estas amonestaciones de la Palabra de Dios, la Iglesia debe esforzarse en mantener normas altas de santidad interior y exteriormente. Cada creyente debe ser vigilante en cuanto a la moral cristiana que el diablo quiere destruir. Por lo tanto, la mujer cristiana debe evitar el uso de ropa de estilo extravagante, faldas cortas y provocativas, joyas o adornos exagerados, el corte del cabello, el uso de pinturas y todo lo que pueda mostrar falta de modestia y una actitud desagradable al Señor (1 Pedro 3:3).

El hombre cristiano igualmente debe abstenerse de toda apariencia vanidosa y ridícula, incluyendo la tendencia moderna o lo *unisex* (2 Corintios 6:17,18). La compostura de todo varón cristiano debe estar acorde con la práctica de los principios aceptados por la Iglesia. Debe, por tanto, evitar muestras de rebeldía, como el dejarse crecer la barba o "chivas", melenas o hacerse cortes ridículos del cabello (1 Corintios 11:2-16).

Preguntas de repaso

1. ¿Cuáles son los dos aspectos de la verdadera santidad?

2. ¿Qué pasajes bíblicos se les puede mostrar a los que dicen que "lo de afuera no importa"?

3. ¿Qué significa "santificar" en el sentido bíblico?

4. ¿Cómo explica usted eso de que la santidad es tanto instantánea como progresiva?

5. Mencione algunas razones por las que el creyente debe ser santo.

6. ¿Cómo puede ser santificado el cristiano?

7. Mencione algunos de los resultados de la santificación.

8. ¿Cómo deben vestir nuestras hermanas en Cristo de acuerdo con 1 Pedro 3:3?

9. ¿Cómo debe vestir y comportarse todo varón cristiano?

Estudio 10

LA ORACION

"También les refirió Jesús una parábola sobre la necesidad de orar siempre, y no desmayar" (Lucas 18:1).

Dios nos habla a través de toda la Biblia sobre la importancia de la oración. La vida espiritual del creyente y su crecimiento en el Señor dependen en gran medida del hábito de la oración. Todo cristiano debe estar bien consciente de que "su vida está escondida con Cristo en Dios (Colosenses 3:3). También debe saber que hay que pedir en oración y recibir de arriba cada día lo que necesita. Además tiene que aprender a renovar y fortalecer continuamente su comunión con el Padre y con el Señor Jesucristo. Sólo cuando se conserva esa relación y amistad personal con el Dios vivo se puede encontrar bendición genuina y abundante.

I. Definición de la oración

En primera instancia, orar es hablar con Dios. Orar es pedir (Mateo 7:7). Es establecer comunión con el Padre por medio de su Hijo Jesucristo (Juan 14:13-14). Es la forma que Dios ha provisto para que sus hijos se comuniquen con El. Nuestra relación con Dios debe estar fundada sobre las bases de una completa confianza y obediencia. Como hijos debemos acercarnos a nuestro Padre celestial con amor y gratitud. Nuestra oración debe ser una expresión de absoluta confianza, sabiendo que El nos oye (1 Juan 5:14,15). La oración es más que palabras pronunciadas con la boca; es la actitud y expresión del corazón hacia Dios.

II. El modelo bíblico de la oración

Para bendición de todos los creyentes y especialmente los recién convertidos, la Palabra de Dios presenta un claro y sencillo procedimiento para la oración eficaz. La oración que Jesús les enseñó a sus discípulos, mejor conocida como "El Padre Nuestro", es el mejor modelo (Mateo 6:9-13).

1. La oración eficaz empieza siempre con *alabanza y adoración* (Salmo 103:1; Mateo 6:9). En esta oración, Jesús indica que toda oración debe ser dirigida al Padre e iniciarse con una alabanza: "Santificado sea tu nombre". El Salmo 103 es un ejemplo: el salmista empieza su plegaria con la exclamación "bendice alma mía a Jehová, y bendiga todo mi ser su santo nombre" (Salmo 103:1).

2. En segundo lugar, debe haber una genuina *confesión a Dios*. Esta es la manera de ponernos a cuentas con Dios cuando alguna falta nuestra haya interrumpido nuestra relación con El (1 Juan 1:9).

3. En la tercera fase de la oración eficaz van *nuestras peticiones* delante de Dios (Mateo 7:7,8). Nuestra vida natural es una interminable cadena de necesidades. En la mayoría de los casos no sabemos ni podemos suplir esas necesidades por cuenta propia. Pero el Padre nuestro que está en los cielos sabe y puede ayudarnos siempre, "porque todas las cosas son posibles para Dios" (Marcos 10:27). Dios sabe de qué cosas tenemos necesidad, pero se complace en escuchar nuestras peticiones.

4. Un cuarto aspecto de la oración cristiana es la *intercesión*. Interceder es rogar por otros. El cristiano no puede ser egoísta. En sus oraciones, igual que en los

demás aspectos de su vida, debe primero pensar en los demás. Todo buen creyente se interesa en las necesidades ajenas y las presenta ante el trono de la gracia. Sin duda, a nuestro derredor hay familiares y vecinos enfermos, pobres, afligidos y sin Cristo en su corazón por quienes debemos interceder delante del Señor. Es más, el cristiano también tiene que interceder con amor por sus enemigos, si los tuviera. El Señor dijo: "Orad por los que os ultrajan y os persiguen" (Mateo 5:44).

5. El último paso de la oración ejemplar es *dar gracias* a Dios por sus bendiciones, presentes y futuras (Efesios 5:20).

III. Condiciones de la oración eficaz

Santiago afirma que "la oración eficaz del justo puede mucho" (Santiago 5:16). Pero sus efectos poderosos sólo se dan cuando la misma reúne una serie de condiciones:

1. En primer lugar, la oración debe ser *definida y específica*. Nuestra oración debe ser presentada a Dios de una manera definida. Hay que orar a Dios por una cosa específica y esperar una respuesta definida. Pero dicha petición debe hacerse de acuerdo a su voluntad. Dios sabe lo que mejor nos conviene. El puede poner en nuestro corazón la necesidad de orar por una persona no salva. En tal caso, debemos mencionar el nombre de tal persona en nuestra oración. La oración definida e incesante por dicho individuo será escuchada y contestada por el Señor y lo salvará. Esa es la gran promesa de Mateo 21:22 y 1 Juan 5:16.

2. En segundo lugar, la oración debe estar impregnada de *fe* y *confianza*. Hebreos 11:6 dice que "sin fe es imposible agradar a Dios; porque es necesario que el que se acerca a Dios crea que le hay, y que es galardonador

de los que le buscan". Jesús mismo prometió a los suyos: "Todo lo que pidieres en oración, creyendo, lo recibiréis" (Mateo 21:22). Santiago afirma esto cuando dice, después de invitar a la oración: "Pero pida con fe, no dudando nada, porque el que duda es semejante a la onda del mar" (Santiago 1:6). Si nuestra oración está dentro de la voluntad de Dios, todo lo que tenemos que hacer después de orar es esperar que Dios nos responda.

3. La oración debe hacerse con una *actitud de humildad*. Una forma de orar es de rodillas, con lo cual se demuestra humildad delante de Dios (Isaías 57:15). Pero estar de rodillas no es el todo; es necesario que junto con esa postura haya también una actitud de humildad en el corazón. Un ejemplo de esto lo hallamos en el caso de la oración del fariseo y el publicano (Lucas 18:10-14). Este último tenía un corazón lleno de humildad y lo demostró exteriormente por la forma en que clamaba a Dios. Cuando se construyó el templo de Jerusalén, Dios hizo pacto con Salomón y le dijo: "Si se humillare mi pueblo, sobre el cual mi nombre es invocado, y oraren y buscaren mi rostro, y se convirtieren de sus malos caminos; entonces yo oiré desde los cielos, y perdonaré sus pecados y sanaré su tierra" (2 Crónicas 7:14; véanse también Hechos 9:40; Efesios 3:14).

4. La oración debe ser hecha con *perseverancia*. La perseverancia es una cualidad no muy común con relación a la oración. Por eso Jesús hizo énfasis en la necesidad de ella por lo menos en dos de sus parábolas (Lucas 11:5-8; 18:1-8). No hay otro aspecto en la vida cristiana en el cual se flaquee con tanta facilidad como en la oración. Nuestra debilidad nos lleva a dejar caer las manos y paralizar las rodillas, pero la Biblia enseña que no debemos desalentarnos por nada, porque "el Espíritu mismo nos ayuda en nuestra debilidad" (Roma-

nos 8:26). Este fue el secreto de Moisés en momentos de oscuridad y desaliento: "Se sostuvo como viendo al invisible" (Hebreos 11:27).

La oración perseverante es el secreto para alcanzar una vida de santidad y prosperidad espiritual. Es también el secreto para obtener una segura respuesta de parte de Dios. Cuando el apóstol Pedro fue encarcelado en Jerusalén, "la iglesia hacía sin cesar oración a Dios por él" (Hechos 12:5), lo cual trajo como respuesta de Dios la liberación milagrosa del apóstol. Si tenemos grandes deseos de que Dios responda a nuestras súplicas debemos clamar a El con perseverancia y fervor espiritual, pues la oración verdadera fluye del corazón.

IV. Conclusión

Nada mejor que concluir esta sección sobre la oración con las alentadoras palabras que dicen: "Así que, hermanos, teniendo libertad para entrar en el Lugar Santísimo por la sangre de Jesucristo, por el camino nuevo y vivo que él nos abrió a través del velo, esto es, de su carne, y teniendo un gran sacerdote sobre la casa de Dios, acerquémonos con corazón sincero, en plena certidumbre de fe, purificados los corazones de mala conciencia, y lavados los cuerpos con agua pura" (Hebreos 10:19-22).

Preguntas de repaso

1. ¿Qué importancia tiene para el creyente el hábito de la oración?

2. Dé algunas definiciones sencillas de "oración".

3. Además de las palabras, ¿qué elementos hay en la oración eficaz?

4. ¿Qué oración nos sirve de modelo?

5. ¿Por qué debemos empezar siempre nuestra oración con "alabanza y adoración"?

6. ¿Para qué sirve la "confesión" en la oración cristiana?

7. ¿Por qué debe haber "intercesión" en nuestra oración y qué se necesita para ello?

8. ¿Qué se da a entender cuando se dice que la oración debe ser "definida"?

9. ¿Qué aprendemos en la parábola del fariseo y el publicano sobre la oración?

10. ¿Por qué es tan importante que haya "perseverancia" o "persistencia" en la oración?

Estudio 11

LA CONDUCTA CRISTIANA

La Biblia enseña muy claramente que "si alguno está en Cristo, nueva criatura es; las cosas viejas pasaron; he aquí todas son hechas nuevas" (2 Corintios 5:17). El objetivo principal del verdadero creyente debe ser agradar a Dios con su vida y luchar diligentemente por apartarse de todas las cosas y costumbres que pudieran perjudicar su relación con El.

I. Lo que todo creyente debe evitar

1. El cristiano debe rechazar *todo culto falso*, ya sea a imágenes, a los ángeles, a los demonios o a otro ser humano. También ha de oponerse a las supersticiones, los curanderos, el espiritismo, la santería, el horóscopo y todas las demás falsedades que el diablo utiliza (Levítico 19:4; 26:1; Salmo 97:7; Isaías 42:17; 66:3; Jeremías 51:17; 1 Tesalonicenses 1:9; Apocalipsis 21:8).

2. El creyente debe abstenerse de *juegos de azar y loterías*, porque tales prácticas contribuyen a una vida llena de ocio y pecado (Daniel 6:4; 2 Tesalonicenses 3:10-12).

3. Los hijos de Dios no deben tener *amor al dinero* (Proverbios 10:22; 20:21; 1 Timoteo 6:10).

4. Los cristianos deben abstenerse *del uso de licor, drogas narcóticas o estupefacientes, tabaco y cualquier*

otra substancia dañina tanto para el que la consume como para los que lo rodean (Proverbios 20:1; Isaías 55:2; 1 Corintios 6:19,20).

5. El cristiano no debe participar de las diversiones mundanas, como el *baile, el cine y las películas pornográficas,* porque todo esto da ocasión a las pasiones carnales (Romanos 13:14; 1 Tesalonicenses 5:22).

6. Los cristianos deben rechazar *la práctica del aborto* (Exodo 1:16,17; Salmo 127:3; 139:16; Mateo 5:21).

II. Obligaciones civiles del cristiano

1. Todo cristiano debe someterse a las autoridades legalmente establecidas en su país, estado, ciudad y comunidad (Romanos 13:1-7).

2. El creyente debe pagar todas sus deudas y cumplir con todos los compromisos que hubiere contraído (Romanos 13:8).

3. El cristiano debe constituir su hogar legalmente y de acuerdo con las enseñanzas establecidas por la Iglesia. Los que viven en concubinato deben legalizar su estado matrimonial (Hebreos 13:4). Las personas solteras o viudas que decidan casarse deberán hacerlo sólo con personas de su misma fe (Deuteronomio 7:2-4; 1 Corintios 7:39; 2 Corintios 6:14). Nuestra Iglesia condena la unión entre personas del mismo sexo (Génesis 2:24; Mateo 19:5).

III. El cristiano y su apariencia

Los creyentes deben actuar con toda madurez cristiana en cuanto a la ropa, las modas, el arreglo del cabello y el uso de pintura. Las modas exageradas y la vanidad en la apariencia son tendencias que se han apoderado de los hombres y de las mujeres en el mundo de hoy. Lo peligroso es que también entre los cristianos se ha dejado sentir esa influencia mundana. En muchos casos, poca o ninguna diferencia se nota entre los creyentes y los del mundo. Esto no puede ser así. Dios se ha expresado en su Palabra de una manera fuerte y clara en contra de tales vanidades y es nuestro deber como hijos suyos buscar la mejor manera de agradarlo interna y externamente en nuestra vida.

Un estudio cuidadoso de los pasajes siguientes puede dar suficiente orientación sobre la manera en que los hijos de Dios deben vestir y conducirse en el mundo. Por una parte, el vestir con modestia y decencia es agradable a un Dios tan santo como el nuestro. Por la otra, eso se constituye en un testimonio ante los que no han conocido al Señor (Deuteronomio 22:5; 1 Corintios 6:19,20; 11:14,15; 1 Timoteo 2:9,10; 1 Pedro 1:13-19; 3:3,4). Los principios bíblicos se aplican a ambos sexos.

Preguntas de repaso

1. Mencione por lo menos cinco cosas que el cristiano debe evitar para poder decirse que observa una conducta correcta.

2. Mencione algunas obligaciones civiles del creyente.

3. ¿Qué aprendemos en Romanos 12:1,2 sobre la conducta cristiana?

4. ¿Cuál debe ser nuestra actitud hacia el aborto?

5. ¿Qué pasajes bíblicos se podrían citar en contra del uso de drogas narcóticas, licor y otras sustancias inapropiadas?

6. Según Hebreos 13:4, ¿qué deben hacer los que viven en concubinato?

7. ¿Cuál debe ser la postura cristiana en cuanto al corte del cabello?

Estudio 12

DEBERES Y DISCIPLINA EN LA IGLESIA

Toda persona que acepte a Jesucristo como Salvador y Señor de su vida debe inmediatamente formar parte del cuerpo de Cristo en una congregación local. El asistir a una iglesia le permitirá ser doctrinado y bautizado en agua en el nombre del Padre, del Hijo y del Espíritu Santo, para luego llegar a ser un miembro en plena comunión. La Biblia enseña con claridad que todo cristiano tiene deberes y responsabilidades hacia Dios, hacia sí mismo y hacia la Iglesia. Se indica también que la iglesia está en la capacidad de establecer cierta disciplina que debe ser obedecida por cada uno de sus miembros para que haya armonía en la congregación, para que cada creyente crezca espiritualmente y dé un buen testimonio cristiano ante el mundo.

I. Sus deberes hacia el Señor

1. Si ha nacido de nuevo, lo primero que debe hacer es buscar la manera de crecer en el Señor (2 Pedro 3:18).

2. Todo cristiano debe aprender a confiar en el Señor como un hijo confía en su padre (Salmo 103:13).

3. Una de las cosas esenciales de la vida cristiana es aprender a hablar con el Señor y comunicarse con El por medio de la oración (Mateo 7:7-11).

4. Como hijo de Dios, el creyente tiene que ser obediente a la Palabra del Señor y dejar que su vida sea dirigida por el Espíritu Santo (Romanos 8:14).

5. Uno de los principales deberes del creyente es compartir con otros las bendiciones de la salvación que le han sido dadas. Es decir, participar en la obra de la evangelización (Juan 15:16).

6. Los cristianos deben consagrar al Señor el día domingo para la adoración a Dios, el estudio de la Palabra y el servicio de la iglesia. El Nuevo Testamento señala claramente al primer día de la semana como el día observado por la iglesia cristiana desde sus principios.

Razones para reunirse ese día y no el sábado judaico:

1. La abrogación del sábado en el nuevo pacto (véase Oseas 2:11). La cita de Oseas deja bien claro que la abrogación incluía tanto a los sábados anuales (fiestas o solemnidades especiales) como al sábado semanal (véanse Gálatas 4:9,10; Colosenses 2:16).

2. Aunque los *propagadores* de la doctrina de la observancia del sábado insisten en que el Señor Jesucristo guardaba ese día, debemos tener presente lo siguiente:

    a. El Señor Jesucristo nació bajo la ley (véanse Lucas 2:22,23; Gálatas 4:4).

    b. Ministró bajo la ley (véanse Marcos 3:2; Lucas 4:16: Juan 8:5).

    c. Fue crucificado bajo la ley (véanse Juan 19:7; Gálatas 3:13).

Con su muerte expiatoria El concluyó o consumó la dispensación de la ley y estableció un nuevo pacto (véanse Lucas 22:20; Juan 19:30; 1 Corintios 11:25; Hebreos 9:15).

Ahora, libres de la ley, podemos exclamar: "...pues no estamos bajo la ley, sino bajo la gracia" (véanse Juan 1:17; Romanos 6:14; Gálatas 2:21; 3:24,25; Efesios 2:8,9).

3. En el libro de los Hechos aparece Pablo predicando a Cristo en las sinagogas en día sábado (véanse Hechos 9:20; 13:5; 17:17).

Es evidente que Pablo se encuentra predicando a los judíos que acostumbraban congregarse en ese día, pero veamos la razón por la que se reunía con ellos: "Me he hecho a los judíos como judío, para ganar a los judíos; a los que están sujetos a la ley (aunque yo no esté sujeto a la ley) como sujeto a la ley, para ganar a los que están sujetos a la ley" (1 Corintios 9:20).

En el mismo libro de los Hechos y en las epístolas encontramos que las reuniones de los cristianos se celebraban el primer día de la semana (véanse Hechos 20:7; 1 Corintios 16:1,2).

4. ¿Por qué la iglesia cristiana observa el domingo o primer día de la semana?

    a. En Marcos 16:9 se registra la resurrección del Señor Jesucristo el primer día de la semana.

    b. El primer día de la semana Jesús se aparece a los discípulos que iban camino a Emaús. Además, ese mismo día se reunió con los discípulos (véanse Lucas 24:36-43; Juan 20:19).

    c. Las mujeres que habían ido al sepulcro le

rinden adoración el primer día de la semana (véase Mateo 28:1,9,10).

d. Fortaleció y comisionó a sus discípulos el primer día de la semana (véase Juan 20:19-23).

e. El primer día de la semana nace, con potencia, la Iglesia que ha sido bautizada con el poder del Espíritu Santo (véanse Levítico 23:15,16; Hechos 2:1-4).

f. Surge ese mismo día la primera gran cosecha de almas (véase Hechos 2:41).

g. El primer día de la semana fueron dadas las profecías del libro de Apocalipsis, que de tanta importancia son para la iglesia (véase Apocalipsis 1:10, Versión 1909 Actualizada).

h. Y, repetimos una vez más, es en ese mismo día cuando encontramos a la iglesia celebrando sus reuniones principales (véanse Hechos 20:7; 1 Corintios 16:1,2).

II. Sus deberes hacia la Iglesia

1. Asistir fielmente a los cultos y las demás actividades de su iglesia para crecer y madurar espiritualmente (Hebreos 10:25).

2. Amar a los demás miembros de la iglesia y orar constantemente por ellos (Juan 15:12-17).

3. Pagar sus diezmos con fidelidad y ofrendar con generosidad según el Señor lo vaya prosperando (Génesis 14:18-20; Malaquías 3:6-10; 1 Corintios 9:13,14; 16:2).

4. Contribuir con los proyectos evangelísticos y misioneros de la iglesia local (Eclesiastés 11:1; Romanos 10:12-15; 2 Corintios 9:6-8).

5. Respetar al pastor y a los demás oficiales de su iglesia como muestra de humildad y sumisión delante del Señor (1 Tesalonicenses 5:12,13; Hebreos 13:7-17).

6. Sujetarse a las normas y a la disciplina que la iglesia establece y cuya autoridad se impone sobre todos los que no andan de acuerdo con los reglamentos adoptados de acuerdo con las enseñanzas de la Palabra de Dios (1 Corintios 5:11,12).

7. Ceñirse a las normas correctas establecidas en la Biblia para arreglar las ofensas y diferencias personales entre los demás miembros de la iglesia. (Mateo 18:15-17).

8. Participar en proyectos de ayuda a los necesitados de la comunidad (Santiago 1:27).

III. Problemas que se deben evitar

1. Pleitos entre los hermanos en la fe y los familiares (1 Corintios 6:6).

2. Contiendas y divisiones (Romanos 16:17).

3. Actos de inmoralidad (1 Corintios 5:11).

4. Conducta desordenada (2 Tesalonicenses 3:6).

5. Doctrinas falsas (Gálatas 1:9).

IV. ¿Cuál es la razón de la disciplina?

La disciplina, establecida por la Iglesia, sobre las bases de la Palabra de Dios, tiene como objetivo principal servir como medio para la restauración de cualquier creyente que haya fallado. El proceso consiste en conducir al arrepentimiento a todo miembro que haya cometido alguna falta y ofrecerle un plan por el cual pueda llegar a una restauración espiritual, moral y dentro de la congregación (Proverbios 15:32; 2 Corintios 2:5-11; Hebreos 12:11).

Preguntas de repaso

1. Mencione por lo menos cinco deberes del creyente como miembro de una iglesia.

2. ¿Cuál debe ser la actitud del creyente hacia su pastor y los demás líderes de la congregación?

3. ¿Cómo se debe emplear el día del Señor, el domingo?

4. Qué se entiende por disciplina en la iglesia local?

5. ¿Cuál es el objetivo principal de la disciplina en la iglesia?

6. Mencione algunas cosas que el cristiano debe evitar.

7. ¿Qué cree usted que puede suceder con un creyente que no quiera fijar su membresía en una iglesia local?

Estudio 13

EL BAUTISMO EN AGUA

"Por tanto, id, y haced discípulos a todas las naciones, bautizándolos en el nombre del Padre, y del Hijo, y del Espíritu Santo" (Mateo 28:19). "Y les dijo: Id por todo el mundo y predicad el evangelio a toda criatura. El que creyere y fuere bautizado, será salvo; mas el que no creyere, será condenado" (Marcos 16:15,16).

I. Significado del bautismo en agua

1. La palabra "bautismo" viene de la voz griega *baptizo*, que significa literalmente "sumergir", "hundir" e "inmergir". El término era usado tanto para referirse a lavamientos como a la actividad de los que sumergían tela o lana para teñirla.

2. El bautismo en agua es una ordenanza establecida directamente por nuestro Señor Jesucristo (Mateo 28:19; Marcos 16:15,16).

3. El bautismo es el medio por el cual el creyente confiesa públicamente su fe en Cristo como su Salvador y Señor (Hechos 8:36,37).

4. El rito del bautismo es el paso inicial mediante el que el recién convertido es aceptado como miembro de la iglesia local.

II. Lo que simboliza el bautismo

1. El acto del bautismo en agua es un símbolo per-

fecto de muerte, sepultura y resurrección a una vida nueva en Cristo (Romanos 5:6; 6:1-4; 8:9; Colosenses 2:12).

2. En el bautismo hay también un simbolismo del lavamiento o limpieza espiritual que se efectúa en el creyente por la aplicación de la sangre de Jesucristo (Hechos 3:19; 22:16).

3. Es además una demostración externa del sometimiento del creyente al dominio de Cristo como Señor de su vida (Hechos 2:38).

4. El bautismo es una manera de hacer confesión pública de pecados (Mateo 3:6; Lucas 3:3-11).

5. Por medio del bautismo se simboliza la lealtad a Dios (Mateo 28:20).

6. El bautismo es una expresión externa de la experiencia salvadora en lo interno del ser humano (Romanos 6:3-11; Colosenses 2:12).

III. En qué consiste el bautismo

1. El bautismo consiste en sumergir en agua a toda persona que confiese haber recibido a Jesucristo como su Salvador (Hechos 8:37).

2. La ordenanza del bautismo en agua debe ser administrada por un ministro ordenado de la Iglesia o por alguien designado oficialmente para el efecto.

IV. Los que deben ser bautizados

1. Deben ser bautizadas todas las personas que hayan experimentado un verdadero arrepentimiento de sus pecados (Hechos 2:38).

2. El bautismo en agua debe ser administrado a todos los que hayan confesado sus pecados al Señor (1 Juan 1:9).

3. Este paso de obediencia es para personas que creen que Jesucristo es el Hijo de Dios (Marcos 16:15,16; Hechos 8:37).

4. Deben bautizarse todos los que quieran dar testimonio público de su fe en Cristo Jesús (2 Timoteo 1:8).

5. Se debe llevar a las aguas del bautismo a los creyentes que hayan sido instruidos en la doctrina del santo evangelio, como se enseña en Mateo 28:18-20; Hechos 2:38 y 22:16.

V. La forma del bautismo en agua

1. Por inmersión. La forma más apegada a las enseñanzas de la Palabra de Dios es la inmersión del cuerpo del creyente en el agua. Esto se deduce de las informaciones que tenemos en pasajes como Mateo 3:16; Juan 3:22,23; Hechos 8:36-38 y Romanos 6:4.

2. La fórmula establecida por Jesús es la fraseología que se da en Mateo 28:19: "En el nombre del Padre, y del Hijo, y del Espíritu Santo."

VI. Conclusión

El bautismo en agua no salva a nadie por sí solo, sin embargo es ordenado en las Escrituras para toda persona que ya ha experimentado la salvación de su alma pero que necesita expresarlo de manera externa. Es un paso de obediencia que todo creyente debe dar si quiere hacer realidad la Palabra del Señor en su vida (Mateo 28:19; Juan 14:15).

Nadie debe percibir el bautismo como un mero rito religioso ni como mera puerta de entrada a la membresía de una iglesia. Este es un acto de obediencia a Cristo como el Señor de su vida.

Preguntas de repaso

1. ¿Quién instituyó el bautismo cristiano?

2. ¿Qué es el bautismo en agua?

3. Haga una lista de todo lo que simboliza el acto cristiano del bautismo, según las Escrituras.

4. ¿Por qué se practica el bautismo por inmersión?

5. ¿Quiénes deben ser bautizados en agua?

6. ¿Qué fraseología debe usarse en la ceremonia del bautismo en agua?

7. ¿Por qué se requiere el bautismo, si no tiene éste poder para salvar al ser humano por sí solo?

Estudio 14

LA SANTA CENA

La Cena del Señor es una ordenanza establecida por Cristo Jesús en la víspera de su muerte expiatoria. Este acto solemne consiste en la participación por la congregación de cristianos del pan y el fruto de la vid como símbolos del cuerpo y la sangre del Señor.

I. La institución de la Santa Cena

1. Este acto fue instituido por Jesús en el aposento alto de Jerusalén, durante sus últimas horas con sus discípulos, previas a su muerte (Mateo 26:17-29; Marcos 14:12-25; Lucas 22:7-23; Juan 13:21-30; 1 Corintios 11:23-26).

2. Jesús ordenó que fuera observada por la Iglesia como recuerdo de su muerte (1 Corintios 11:26; Hebreos 9:12).

3. Este es un acto que anuncia la liberación del creyente del pecado (Romanos 3:25,26; Hebreos 9:15-17).

4. Es un acto por medio del cual nos identificamos con un nuevo pacto y una nueva naturaleza (2 Corintios 3:6; 2 Pedro 1:4).

5. La Cena del Señor es una señal de vida espiritual y una expresión de la comunión que debe caracterizar a todos los miembros del cuerpo de Cristo. (1 Corintios 10:16,17).

6. La Cena del Señor es un acto profético con el cual se anuncia la segunda venida de Cristo (1 Corintios 11:26).

II. Una ordenanza para todo creyente

1. Este acto debe ser observado por todo creyente bautizado, miembro de la iglesia como parte de la familia cristiana (1 Corintios 11:23-26).

2. Todo creyente debe estar consciente de este acto solemne antes de participar de él (1 Corintios 11:27-29).

3. Los cristianos deben ceñirse a las instrucciones de la Palabra de Dios para la observancia de esta ordenanza (1 Corintios 11:33,34).

III. Los elementos de la Cena del Señor

1. El pan sin levadura representa el cuerpo glorioso de nuestro Señor Jesucristo, quien nos vivifica (Juan 6:48-51).

2. El fruto de la vid es un símbolo de la sangre de Cristo, la cual nos limpia de todo pecado (Lucas 22:20).

IV. Otros nombres para esta ordenanza

1. El partimiento del pan (Hechos 2:42).

2. La comunión (1 Corintios 10:16).

3. La mesa del Señor (1 Corintios 10:21).

V. Cuándo debe celebrarse este acto

1. En las Escrituras no se especifica con qué frecuencia debe celebrarse la Cena del Señor.

2. Lo recomendable es celebrarla cuantas veces sea posible, o por lo menos dos veces al año. Debe hacerse en ocasiones especiales, como en servicios bautismales, servicios de fin de año y renovación de votos, en retiros o en Semana Santa.

3. La iglesia local debe establecer en su calendario de actividades la frecuencia con que se observará esta ordenanza.

4. La Cena del Señor no debe convertirse en una rutina, para no perder su solemnidad y significado; pero tampoco se debe descuidar, para no perder la bendición que se recibe por medio de ella.

VI. Actitud de los participantes

1. El creyente debe acercarse a la mesa del Señor con reverencia, ya que se trata de un acto solemne ordenado por nuestro Salvador.

2. Debe haber una actitud de profunda meditación y adoración al Señor.

3. Debemos participar de la Cena del Señor con una actitud de gratitud por el sacrificio expiatorio de Cristo en la cruz del Calvario.

4. Participación digna. Tener plena conciencia de lo que el acto significa. No hay que hacerlo como una rutina o como una ceremonia más.

5. Es peligroso participar de la Cena del Señor indigna o desordenadamente, como lo especifica Pablo en 1 Corintios 11:27-34.

VII. Conclusión

Cada vez que participamos de este acto solemne y hermoso que estableció Jesús para su Iglesia damos testimonio de que somos parte del cuerpo del Señor. Por medio de su gracia podemos disfrutar de las bendiciones que se dan en la Cena del Señor: un fortalecimiento espiritual y hasta sanidad para nuestro cuerpo. Además de eso, damos un doble mensaje de la fe en Cristo. "Así, pues, todas las veces que comiereis este pan, y bebiereis esta copa, la muerte del Señor anunciáis hasta que él venga" (1 Corintios 11:26).

Preguntas de repaso

1. ¿En qué momento estableció Jesús esta ordenanza de la Santa Cena?

2. ¿En qué lugar celebró Jesús la Cena con sus discípulos?

3. ¿Qué elementos usó el Señor para la celebración de este sacramento?

4. ¿Quiénes pueden y deben participar de esta celebración en la iglesia?

5. ¿Qué otros nombres se dan en el Nuevo Testamento a esta ordenanza?

6. ¿A cada cuánto tiempo se debe tener la Santa Cena en la iglesia?

7. De acuerdo con el pasaje de 1 Corintios 11:27, ¿con qué actitud debe participar el creyente de este acto?

8. ¿Qué acontecimiento pasado se recuerda en la Cena del Señor?

9. ¿Qué acontecimiento futuro se anticipa con este sacramento?

Estudio 15

EL BAUTISMO EN EL ESPIRITU SANTO

I. En qué consiste

El bautismo en el Espíritu Santo es la investidura de poder de lo alto sobre la vida del creyente (Lucas 24:49; Hechos 1:8).

II. Una promesa y una enseñanza

1. Cristo es el Bautizador (Mateo 3:11; Hechos 11:16).

2. Es un don o regalo de Dios para todos los creyentes que lo piden (Juan 7:37,39; Hechos 5:32).

3. Dios no dejó de darlo después del día de Pentecostés (Hechos 19:6).

4. El Espíritu Santo ha sido enviado a los que obedecen a Dios (Juan 15:26,27; Hechos 5:32).

III. Es subsecuente al nuevo nacimiento

1. Los discípulos recibieron el bautismo en el Espíritu Santo después de haber creído y de ser salvos (Lucas 24:49; Hechos 1:4; 2:1-4).

2. Los samaritanos, los de Cesarea y los efesios recibieron el don del Espíritu Santo después de haber creído (Hechos 8:14-17; 10:44-47; 19:1-6). Los de Efeso ya habían creído en el Señor, pero ni siquiera habían oído acerca del bautismo en el Espíritu Santo. Después,

al escribirles, les dijo que "habiendo creído en él, fuisteis sellados con el Espíritu Santo de la promesa" (Efesios 1:13).

IV. El bautismo es necesario

1. Porque es una promesa del Señor (Lucas 24:49).

2. Es importante para echar fuera la tibieza espiritual (Apocalipsis 3:14,15).

3. Es un elemento importante para ser testigos de Cristo (Hechos 1:8).

4. Contribuye a la edificación espiritual (1 Corintios 14:4).

5. Es necesario para tener poder en el servicio del Señor (Lucas 4:18,19; Hechos 1:8).

6. Es muy importante para comprender las Escrituras (Juan 14:26; 16:13; 1 Juan 2:27).

V. Cómo recibir el bautismo

1. Como respuesta a la oración personal (Lucas 11:11,13; Juan 7:37,39).

2. Escuchando la predicación de la Palabra (Hechos 2:14; 10:34-36).

3. Con la ayuda de la oración de otros (Hechos 8:15).

4. Por medio de la imposición de las manos (Hechos 8:17).

VI. Condiciones para recibirlo

1. Arrepentimiento (Lucas 24:46,47; Hechos 2:38; 17:30).

2. Haber nacido de nuevo (Lucas 11:13; Juan 3:3; Gálatas 4:6).

3. Tener fe en Dios y en su Palabra (Isaías 40:31; Gálatas 3:14).

4. Tener "hambre y sed" de Dios (Mateo 5:6; Juan 7:37).

5. Ser obedientes al Señor (Hechos 5:32).

VII. Evidencias del bautismo

1. Poder para el servicio de Dios y autoridad para con los hombres (Hechos 1:8; 2:14,36; 7:51-60).

2. Poder para testificar del Señor (Juan 15:27; Hechos 1:8; 1 Corintios 1:4,5).

3. Pasión por las almas perdidas.

4. Hablar en otras lenguas (Marcos 16:17; Hechos 2:4; 10:46; 19:6; 1 Corintios 14:39).

5. Milagros y sanidades (Hechos 3:1-9; 4:4-16).

6. Deseo ardiente por una vida de oración y servicio (Hechos 2:42; 6:3,4; Colosenses 3:23,24).

VIII. Conclusión

El bautismo en el Espíritu Santo no fue una experiencia dada solamente a la Iglesia primitiva, ni es un fenómeno dado únicamente a los pentecostales de este siglo veinte. La historia prueba que a partir del día de Pentecostés siempre ha habido creyentes llenos del Espíritu Santo.

Preguntas de repaso

1. Dé una definición del bautismo en el Espíritu Santo.

2. ¿Quién bautiza a los creyentes en el Espíritu Santo?

3. ¿Qué relación hay entre el nuevo nacimiento y el bautismo en el Espíritu Santo?

4. Enumere la razones por las que todo creyente debe recibir el bautismo en el Espíritu Santo.

5. ¿Qué se necesita para recibir esta experiencia espiritual?

6. Mencione los lugares en que esta experiencia fue acompañada del hablar en otras lenguas.

7. De acuerdo con Juan 7:37, ¿qué se necesita para recibir el bautismo?

8. De acuerdo con Hechos 1:8, ¿para qué recibimos esta experiencia?

Estudio 16

LOS DONES DEL ESPIRITU SANTO

Puesto que la Iglesia desempeña en el mundo una labor fundamentalmente espiritual y sobrenatural, se requieren facultades sobrenaturales para la realización de la misma. Los dones del Espíritu Santo son esas capacidades o facultades que Dios otorga al creyente para el servicio (Hechos 6:8-10; 1 Corintios 12:8-11,14-21; 2 Corintios 10:4; Efesios 4:7,8). Sin los dones espirituales, la Iglesia no contaría con los recursos suficientes para desarrollar un ministerio cabal ni para defenderse y triunfar contra las fuerzas del mal en este mundo. Los dones enumerados en 1 Corintios 12:8-11 son nueve y se pueden dividir en tres clasificaciones.

I. Dones de revelación

1. *Palabra de conocimiento.* Una revelación sobrenatural de la existencia, naturaleza o propósito de una persona, cosa o suceso, dado a nosotros por el Espíritu Santo para un fin específico y que de otro modo no podría ser conocido (2 Reyes 5:20-27; Juan 1:47; Hechos 5:3).

2. *Palabra de sabiduría.* Una revelación sobrenatural de la sabiduría y propósito de Dios (Génesis 41:28-41; Hechos 27:22-25).

3. *Discernimiento*. Una revelación sobrenatural para reconocer y entender la presencia y actividad de espíritus malignos (Lucas 10:18; Hechos 8:20-23).

II. Dones de poder

1. *Fe*. Es la confianza sobrenatural en Dios para todos aquellos problemas y necesidades que requieran una solución sobrenatural (Marcos 11:22; Hechos 28:1-6).

2. *Milagros*. Intervención sobrenatural del poder de Dios mediante el cual las leyes naturales son controladas, alteradas o suspendidas momentáneamente para un plan dado (Josué 10:12,13; 2 Reyes 6:6; Juan 2:1-11; Hechos 9:40,41).

3. *Sanidades*. Poder sobrenatural para sanar toda clase de enfermedad (Marcos 16:18; Lucas 7:20-22; Hechos 3:1-9).

III. Dones de inspiración

1. *Profecía*. Unción sobrenatural para la promulgación, pronunciación o declaración inspirada en el idioma vernáculo o en lenguas interpretadas (Hechos 21:8-11; 1 Corintios 12:10).

2. *Lenguas*. Unción sobrenatural para la pronunciación o declaración inspirada en un idioma desconocido para el que habla (1 Corintios 14:1-5).

3. *Interpretación de lenguas*. Revelación sobrenatural para expresar en el idioma conocido lo que se ha dicho en un idioma extraño, a fin de que la iglesia sea edificada por el don de lenguas (1 Corintios 12:10; 14:5,13,26).

La voluntad de Dios es que todos estos dones estén en plena operación en la iglesia. La Palabra de Dios dice: "Procurad, pues, los dones mejores" (1 Corintios 12:31) y continúa diciendo: "Seguid el amor; y procurad los dones espirituales" (1 Corintios 14:1). Estos dones se manifiestan solamente cuando oramos a Dios pidiéndolos (1 Corintios 14:13), ejercitamos la fe (Romanos 12:6) y tenemos motivos puros y sanos (Hechos 8:20).

Al mismo tiempo, para que los dones estén en continua operación en la iglesia no debemos olvidarnos del amor y de todos los demás frutos del Espíritu Santo. Una manifestación de los dones sin el amor es como metal que resuena y címbalo que retiñe; la manifestación del amor sin el ejercicio de los dones es como una parálisis espiritual. Los dones y los frutos deben producirse juntos, "hasta que todos lleguemos a la unidad de la fe y del conocimiento del Hijo de Dios, a un varón perfecto, a la medida de la estatura de la plenitud de Cristo" (Efesios 4:13).

Preguntas de repaso

1. ¿Por qué se necesita de los dones espirituales en la Iglesia hoy?

2. Mencione las tres divisiones de los dones del Espíritu Santo según la lista que se da en 1 Corintios 12:8-11.

4. ¿Cómo se define el don de fe?

5. Mencione los tres dones de inspiración.

6. ¿Qué pasajes podríamos dar para probar que Dios quiere que se manifiesten los dones espirituales en la Iglesia?

7. Describa las tres cosas que debemos hacer para que se manifiesten los dones en nosotros, según 1 Corintios 14:13; Romanos 12:6 y Hechos 8:20.

8. ¿Qué importancia tienen el amor y los demás frutos del Espíritu para la manifestación de los dones?

9. De acuerdo con Efesios 4:13, ¿cuál es la meta final de los dones en la vida del creyente?

Estudio 17

EL CRISTIANO Y LA MAYORDOMIA

Todo cristiano es un mayordomo de Dios, porque de El ha recibido la vida, las habilidades personales que posee y las posesiones materiales con que cuenta. Lo importante es que reconozca que todo eso le pertenece a Dios y que de todo ello tendrá que darle cuenta tarde o temprano. Los que hemos tenido la experiencia de la salvación por fe en la obra expiatoria de Jesucristo no tenemos dificultades en entender lo que significa ser un mayordomo o administrador delante de Dios. La palabra "mayordomo" viene del griego *oikonomos* y designa al que cuida y es responsable por el manejo de una casa. El diccionario *Salvat* define al "mayordomo" como "el criado principal a cuyo cargo está el gobierno económico de una casa o hacienda".

I. La mayordomía en la Biblia

Dios es el creador, dueño y señor de todo lo que existe en el universo. En los capítulos 1 y 2 de Génesis se nos describe el programa de la creación de Dios. En Génesis 1:26 se dice que Dios "hizo al hombre a su imagen, conforme a su semejanza". En Génesis 2:7 vemos que Dios lo formó "del polvo de la tierra, y sopló en su nariz aliento de vida". Luego, en el pasaje de 2:18-22 se dice que Dios hizo también a la mujer y se la presentó al varón como su compañera idónea. Esta pareja fue hecha como la corona de la creación de Dios.

En Génesis 1:28-30 se nos informa que Dios le dio a Adán el privilegio de disfrutar de cuantas cosas había a su derredor. También lo puso como señor y mayordomo de todo lo que El había creado. Pero tanto los privilegios como las responsabilidades fueron alterados cuando el hombre pecó. Para restaurar al hombre a su posición original fue necesaria la muerte de Cristo como un medio de gracia para su redención (Juan 3:16). De manera que tenemos dos razones básicas para ver a Dios como dueño y señor de todo lo que tenemos, y aceptar nuestro deber como mayordomos suyos: (1) le pertenecemos por derecho de creación y (2) somos suyos por derecho de redención.

II. La mayordomía de nuestro ser

1. En primer lugar debemos ser vigilantes en cuanto a la consagración y santificación de nuestra vida a fin de que digamos como Pablo: "Ya no vivo yo, mas vive Cristo en mí; y lo que ahora vivo en la carne, lo vivo en la fe del Hijo de Dios" (Gálatas 2:20).

2. Debemos ver que el Señor guarde en santidad todo nuestro ser: "espíritu, alma y cuerpo" (1 Tesalonicenses 5:23).

3. El Señor puede examinarnos y hacernos saber si nuestra vida es recta delante de El. Ese fue el secreto del éxito de David: "Examíname, oh Dios, y conoce mi corazón; pruébame y conoce mis pensamientos; y ve si hay en mí caminos de perversidad, y guíame en el camino eterno" (Salmo 139:23,24).

4. Somos mayordomos de una vida limpia (1 Corintios 6:19,20).

5. Somos mayordomos de nuestra lengua (Santiago 3:2-5).

6. Debemos glorificar a Dios en nuestro cuerpo y en nuestro espíritu, pues ambas cosas le pertenecen (1 Corintios 6:20).

III. La mayordomía de nuestro tiempo

1. Moisés pidió la ayuda de Dios para administrar bien su tiempo: "Enséñanos de tal modo a contar nuestros días, que traigamos al corazón sabiduría" (Salmo 90:12). El Señor puede ayudarnos a usar mejor cada momento de nuestra vida. Que no falte tiempo para orar, meditar, leer la Palabra, testificar a los perdidos y servir a nuestro prójimo.

2. El proverbista Salomón aseguró que una de las mejores cosas en que puede usar su tiempo una persona sabia es ganando almas (Proverbios 11:30).

3. El apóstol Pablo nos aconseja aprovechar bien el tiempo porque los días son malos (Efesios 5:15-17).

4. Este mismo siervo de Dios nos dice cómo emplear nuestro tiempo (Efesios 5:19,20).

5. El horario de la página 84 puede servir para que aprendamos a llevar un control detallado de las distintas cosas en que utilizamos nuestro tiempo cada hora del día. En cada espacio dado ponga uno de los siete números con los que se señalan las distintas actividades del cristiano: (1) lectura bíblica, (2) oración, (3) Trabajo, (4) descanso, (5) evangelización, (6) asistencia a la iglesia, (7) otras actividades.

IV. Mayordomía de talentos y dones

1. Todo ser humano posee ciertas habilidades y talentos naturales con los cuales Dios lo ha dotado. El cristiano debe consagrar todas esas virtudes para el servicio de Dios.

2. También Dios ha tenido a bien dar al creyente, de

Horario

	Dom.	Lun.	Mar.	Miér.	Jue.	Vier.	Sáb.
6:00							
7:00							
8:00							
9:00							
10:00							
11:00							
12:00							
1:00							
2:00							
3:00							
4:00							
5:00							
6:00							
7:00							
8:00							
9:00							
10:00							
11:00							
12:00							

acuerdo con su fe y grado de consagración, los dones del Espíritu Santo. (Véase 1 Corintios 12.) Estos dones espirituales son concedidos por el Espíritu de Dios para que el creyente los use en la iglesia. Nadie puede disponer de los dones fuera de la voluntad del Señor.

3. En Efesios 4:11-16, el apóstol Pablo describe las razones por las que Dios ha concedido los dones a la Iglesia.

4. En Romanos 12:3-8 se establecen los principios que deben regir el uso y administración de los dones espirituales.

V. La mayordomía de nuestras posesiones

La gratitud que sentimos hacia nuestro Dios nos estimula a administrar bien todas las cosas materiales que poseemos: ropa, casa, dinero, automóviles, etc.

1. El primer ejemplo en cuanto al deber y la bendición de pagar los diezmos al Señor lo encontramos en el patriarca Abraham (Génesis 14:17-20; Hebreos 7:2-4).

2. Dios ordenó el cumplimiento fiel de esta obligación (Malaquías 3:8-10).

3. Los cristianos nos sentimos estimulados a dar generosamente para la causa del Señor porque El nos ha garantizado la vida eterna. "El que siembra generosamente, generosamente también segará" (2 Corintios 9:6).

4. El Señor ama a los que dan para su obra con alegría de corazón (2 Corintios 9:7).

5. De acuerdo con las enseñanzas del apóstol, no sólo nuestras posesiones le pertenecen al Señor sino también nuestra vida entera es de El (1 Corintios 6:19,20).

6. No debemos olvidar que Dios nos da abundantes bendiciones para que seamos generosos en su obra. "Y poderoso es Dios para hacer que abunde en vosotros toda gracia, a fin de que, teniendo siempre en todas las

cosas todo lo suficiente, abundéis para toda buena obra" (2 Corintios 9:8).

7. Esta actitud de una mayordomía cristiana responsable debe mantenerse en nosotros hasta el momento en que aparezca nuestro Salvador. "Y su señor le dijo: Bien, buen siervo y fiel; sobre poco has sido fiel, sobre mucho te pondré; entra en el gozo de tu Señor" (Mateo 25:21).

Preguntas de repaso

1. ¿De qué palabra griega viene el término "mayordomo"?

2. ¿Cómo define este término el diccionario *Salvat*?

3. ¿Desde cuándo se ve en la Biblia al hombre en la posición de mayordomo de Dios?

4. Cite por lo menos dos pasajes en los que se compruebe que somos responsables delante de Dios por una mayordomía de nuestro ser.

5. Haga una copia de la tabla que se da para establecer un horario y elabore un plan por el cual usted pueda administrar mejor su tiempo de cada día.

6. Explique cómo podemos ser buenos mayordomos de los dones espirituales que hemos recibido del Señor.

7. ¿Cuál es el primer ejemplo bíblico sobre la práctica del diezmo?

8. ¿Qué dice Malaquías con relación al diezmo?

9. ¿Qué importancia hay en la ley de "la siembra y la cosecha" de 2 Corintios 9:6 en cuanto a la mayordomía cristiana?

10. ¿A qué clase de dadores ama el Señor, de acuerdo con 2 Corintios 9:7?

11. ¿Qué aprendemos en el Salmo 90:12 en cuanto a la mayordomía del tiempo?

Estudio 18

SANIDAD DIVINA

"Jesucristo es el mismo ayer y hoy y por los siglos" (Hebreos 13:8). La sanidad divina es parte de los beneficios que Cristo proveyó para nosotros en la cruz del Calvario y están a la disposición de todos los que creen (véanse Isaías 53:4,5; Marcos 9:23; 16:17,18).

I. La sanidad divina es un don de Dios

1. Dios, en su infinita bondad, no sólo obró la redención del pecador en el Calvario sino que también proveyó sanidad para el cuerpo.

2. La sanidad divina es un ministerio que Dios encomendó a los apóstoles y a todos los que creen. Allí estamos incluidos nosotros (Marcos 6:13; Juan 14:12).

3. El ministerio de la sanidad divina es parte integral de la comisión que Cristo dio a sus seguidores (Mateo 10:7,8; Lucas 4:18; 10:9).

II. Un ministerio para todo creyente

1. La sanidad divina es parte de las señales que Dios da a los creyentes. Cuando Jesús les dio a sus discípulos la comisión de ir por todo el mundo a predicar las buenas nuevas también les dio poder para administrar en su nombre sanidad de cualquier dolencia física y liberación de toda obra maligna del diablo. "Y estas señales seguirán a los que creen: En mi nombre echarán fuera demonios; hablarán nuevas lenguas; tomarán en las manos serpientes, y si bebieren cosa mortífera, no les hará

daño; sobre los enfermos pondrán sus manos, y sanarán" (Marcos 16:17,18).

2. Este ministerio que fue iniciado por Jesús habría de incrementarse después de la ascensión del Señor. "El que en mí cree, las obras que yo hago, él las hará también; y aun mayores hará, porque yo voy al Padre" (Juan 14:12).

III. Cómo se efectúa la sanidad

1. La sanidad divina es impartida por el Señor en respuesta a la oración de fe de los cristianos (Santiago 5:14).

2. Para recibir los beneficios de la sanidad divina el creyente tiene que apropiarse de las promesas de Dios por la fe (Mateo 9:29; 15:25-28; Marcos 10:51,52).

3. La sanidad es realizada por la mano poderosa de Dios, aunque para ello haga uso de distintos instrumentos, humanos y materiales (Isaías 53:4,5; Mateo 8:17; 1 Pedro 2:24).

IV. Verdades bíblicas acerca de la sanidad

1. La enfermedad y la muerte vinieron como consecuencia del pecado del hombre en el huerto de Edén (Romanos 5:12).

2. La enfermedad y la muerte son una maldición que vino sobre el género humano (Exodo 15:26; Deuteronomio 28:15).

3. El diablo es el autor de la gran mayoría de las enfermedades y de los males que afectan a la humanidad caída. Cristo vino para deshacer las obras del diablo (Lucas 13:16; Hechos 10:38; Hebreos 2:14,15; 1 Juan 3:8).

Nota: hay enfermedades producidas por otros motivos, pero el Señor también puede sanarlas (véase Juan 9:1-3 y también el Estudio 22, tema IV punto 3).

4. En la expiación obrada por Cristo se hizo provisión no sólo para el perdón del pecado sino también para la sanidad de la enfermedad (Isaías 53:4,5; Mateo 8:17; 1 Pedro 2:24).

5. Esta provisión divina se debe recibir solamente por la fe (Mateo 8:17).

6. Es la voluntad de Dios que todos los enfermos sean sanos (Mateo 8:16; Hechos 5:12,15,16).

7. Esta bendición está incluida en las últimas instrucciones e Jesús a sus discípulos (Marcos 16:18).

8. En el Nuevo Testamento se dan instrucciones definidas en cuanto a la administración de este recurso divino (Santiago 5:14).

9. Nadie tiene derecho a revocar o invalidar las órdenes dadas por el Señor, entre las cuales se incluye la de la sanidad divina (Hechos 4:19).

10. Jesucristo sigue sanando enfermos, porque El es el mismo ayer, hoy y por los siglos (Hebreos 13:8).

Preguntas de repaso

1. ¿Quién es el proveedor de la sanidad divina?

2. ¿Qué se puede decir de un ministerio evangelístico sin fe en la sanidad divina?

3. ¿Para quiénes es el ministerio de la sanidad divina?

4. ¿Cómo se efectúa la obra de la sanidad divina en el creyente?

5. ¿Desde cuándo se empezaron a sentir los efectos de la enfermedad en la tierra?

6. ¿Quién es el autor de la mayoría de las enfermedades y de todos los males que han atacado al género humanos?

7. ¿Cuál es el procedimiento apropiado para la administración de este ministerio según Santiago 5:14?

8. ¿Qué pasaje del Nuevo Testamento nos garantiza que Jesucristo puede sanar hoy, como lo hizo en los días bíblicos?

Estudio 19

LA SEGUNDA VENIDA DE CRISTO

La doctrina de la segunda venida de Cristo a la tierra es un tema de gran importancia en el Nuevo Testamento. En las Escrituras encontramos no menos de 350 referencias a este gran acontecimiento de los últimos días. Esta es la esperanza gloriosa de cada miembro de la Iglesia del Señor. Este evento debe motivar y alentar a los cristianos a mantener su salvación y relación personal con Dios.

I. Definición

La segunda venida de Cristo puede ser definida como el regreso personal y visible de nuestro Salvador a este mundo. En las Escrituras se habla de este acontecimiento como "la esperanza bienaventurada" (Tito 2:13). Esta esperanza se funda en las promesas hechas por el mismo Señor, y es bienaventurada porque contiene múltiples bendiciones para la Iglesia como el cuerpo de Cristo. La segunda venida del Señor abarca dos fases importantes:

1. La primera parte se conoce como el "arrebatamiento" o "traslado" y se refiere al momento en que la Iglesia será trasladada al cielo para no pasar por los juicios que habrán de derramarse durante la tribulación (1 Tesalonicenses 4:15-18; Apocalipsis 3:10).

2. La segunda fase de este acontecimiento será la

venida visible del Señor en las nubes para juzgar y reinar en la tierra (Apocalipsis 1:7; 19:11-16).

II. Datos bíblicos de importancia

1. No se nos informa acerca del día ni de la hora de este suceso (Mateo 24:36,42).

2. Sin embargo, sabemos que la segunda venida del Señor está cerca, por todas las señales que se están cumpliendo (Mateo 24:3-14).

3. La Biblia habla de guerras, hambres, pestilencias y terremotos (Mateo 24:6-8).

4. Se anuncian falsos cristos y falsos profetas (Mateo 24:4,5,11).

5. Se predice persecución contra los cristianos (Mateo 24:9,10).

6. El profeta Ezequiel anunció el regreso de los judíos a la tierra de Palestina (Ezequiel 37:21,22).

7. El profeta Daniel predijo el progreso de la ciencia (Daniel 12:4).

III. Información sobre el arrebatamiento

1. En el momento en que el Señor descienda del cielo, los muertos en Cristo resucitarán con cuerpos incorruptibles (1 Tesalonicenses 4:13-17).

2. Los redimidos que estén vivos serán transformados instantáneamente y se les revestirá de cuerpos inmortales (1 Corintios 15:51-54).

IV. Los participantes del arrebatamiento

1. Los que hayan nacido de nuevo (Juan 3:3,5).

2. La Iglesia gloriosa, sin mancha ni arruga (Efesios 5:27).

3. Los que hayan renunciado a la impiedad y a los deseos mundanos (Tito 2:11-14).

4. Los que hagan la voluntad del Padre y obedezcan su Palabra (Mateo 7:21).

V. La realidad de la tribulación

1. Este será un período de siete años que tendrá lugar entre el arrebatamiento de la Iglesia y la venida visible del Señor Jesucristo (Daniel 9:25-27).

2. Los primeros tres años y medio, conocidos como "la tribulación", transcurrirán en medio de una paz relativa. La segunda mitad de este período será un tiempo de juicios y aflicción cual no lo ha habido desde el principio del mundo, ni lo habrá. Esto se conoce como "la gran tribulación" (Jeremías 30:4-9; Daniel 9:25,27; Joel 1:15; 2:1; Apocalipsis 3:10).

3. Lo terrible de este período se debe a la actividad del anticristo en la tierra (Mateo 24:21; Apocalipsis 13).

Preguntas de repaso

1. ¿Por qué se le llama en la Biblia la "esperanza bienaventurada" a la segunda venida de Cristo?

2. Describa las dos fases de la segunda venida del Señor.

3. ¿En cuál de estas dos etapas se dice que "todo ojo le verá"?

4. ¿Qué pasaje de Apocalipsis nos dice que la Iglesia no pasará por la tribulación?

5. Mencione algunas de las señales que anuncian la proximidad de la segunda venida de Cristo.

6. Haga una lista de los que participarán del arrebatamiento de la Iglesia según las Escrituras.

7. ¿Cuántos años durará el período conocido como la tribulación, y en cuántas partes se divide?

8. ¿Cuánto tiempo durará el desastroso reinado del anticristo?

Estudio 20

EVENTOS DEL FUTURO

"Así dice Jehová … Yo soy el primero, y yo soy el postrero…" (Isaías 44:6). La Biblia es el libro de Dios. El inspiró todo lo que ella revela, desde Génesis hasta Apocalipsis. En la Biblia Dios nos habla del universo, del hombre, del pecado, de la redención y de todo lo que ha de suceder. De modo que cuando queremos hablar de las cosas que acontecerán en el futuro tenemos que acudir a la Palabra de Dios. En el libro de Apocalipsis el Señor nos revela de qué manera todas las cosas alcanzarán su objetivo y consumación.

I. La muerte

La muerte física es la separación del alma del cuerpo y la introducción del hombre al mundo invisible. La muerte vino como resultado del pecado de nuestros primeros padres, Adán y Eva. La Biblia enseña que hay tres clases de muerte: la muerte física, la muerte espiritual y la muerte eterna. En la muerte física el cuerpo se separa del alma. En la muerte espiritual se interrumpe la comunión con Dios. La muerte eterna tendrá lugar cuando el cuerpo y el espíritu, reunidos nuevamente en la resurrección sean lanzados al lago de fuego y azufre que ha sido preparado para el diablo y sus ángeles (Mateo 25:41; Romanos 5:12; 6:23; Santiago 2:26; Apocalipsis 20:10-15).

II. Descripción bíblica de la muerte

1. La primera descripción de la muerte que encontramos en la Biblia es un retornar al polvo (Génesis 3:19).

2. Job se refiere a la muerte como emprender un camino del cual no se puede volver (Job 16:22).

3. En el Salmo 115:17 se describió la muerte como el momento de descender al silencio.

4. En una de sus parábolas, Jesús se refirió a la muerte como el acto por el cual Dios le pide al ser humano su alma (Lucas 12:20).

5. En la descripción del juicio que fue aplicado contra Ananías y su mujer se dice que expiraron (Hechos 5:10).

6. El apóstol Pablo consideraba la muerte como una partida (Filipenses 1:23).

III. A dónde va el creyente cuando muere

El cuerpo del ser humano vuelve a la tierra cuando es sepultado. El espíritu "vuelve a Dios que lo dio" (Eclesiastés 12:7) Según el apóstol estar ausentes del cuerpo es estar presentes con el Señor (2 Corintios 5:8). De acuerdo con las enseñanzas de la Palabra de Dios podemos asegurar que cuando el creyente muere va al cielo, a la presencia del Señor. Esto fue lo que dio a entender Esteban cuando exclamó en el momento de su muerte: "Señor Jesús, recibe mi espíritu" (Hechos 7:59). Otro magnífico ejemplo que afirma esta gran verdad es el que encontramos en Lucas 16:22.

IV. El cielo

A los justos se les asegura en la Palabra de Dios que están destinados a la vida eterna. El cristiano actualmente experimenta por la fe la presencia del Dios invisible, pero en la vida futura verá a Dios cara a cara en el cielo. El cielo es la morada eterna reservada por Dios para los justos resucitados. En el cielo estaremos siempre con el Señor y disfrutaremos de la grata compañía de todos los santos redimidos a través de las generaciones (Filipenses 3:20,21; 1 Tesalonicenses 4:17; 2 Timoteo 4:6,7; Apocalipsis 2:10; 21:1-7).

V. El Hades y el castigo eterno

La Biblia enseña claramente que todos los que mueren sin Cristo serán condenados. Cuando un pecador no arrepentido muere no va al cielo, ni al paraíso, ni a la presencia del Señor. Su espíritu es guardado por Dios bajo condenación y en espera del juicio y del castigo eterno (Hechos 2:27; Apocalipsis 20:14,15). Las expresiones "lago de fuego", "castigo eterno" y "fuego eterno" se usan para referirse al lugar de condenación eterna. De este asunto habló claramente Jesús y es algo que se trata ampliamente en todo el Nuevo Testamento (Mateo 5:29,30; Juan 3:36; Apocalipsis 19:20; 20:10; 21:8).

Preguntas de repaso

1. ¿Qué tiene que ver la inspiración de la Biblia con el estudio de las cosas del futuro?

2. Explique el significado de la muerte física.

3. ¿Qué entendemos por muerte espiritual?

4. ¿En qué consistirá la muerte eterna?

5. Mencione las siete maneras en que se describe la muerte a través de la Biblia.

6. ¿A dónde va el cuerpo y el espíritu del creyente a la hora de la muerte?

7. ¿Qué definición daría usted del cielo, según las enseñanzas de la Palabra de Dios?

8. ¿Cuál es el propósito del lugar que se conoce en la Biblia como "infierno" o *Hades*?

9. ¿Qué expresiones se usan en la Biblia para describir el lugar de la condenación eterna?

Estudio 21

EL MILENIO

La palabra "milenio" viene de dos palabras del latín que significan "mil" "años". Con este vocablo se describe el período durante el cual Cristo Jesús reinará sobre la tierra (Apocalipsis 20:1-10). El milenio comenzará con la segunda venida personal y visible de Jesucristo a la tierra y finalizará con el juicio del Gran Trono Blanco.

I. Condiciones existentes durante el milenio

1. Los judíos habrán regresado a la tierra de Palestina (Ezequiel 36:24-28).

2. Será quitada la maldición del hombre y de la creación animal e inanimada (Isaías 35:1; Ezequiel 36:30,34; Romanos 8:19-23).

3. Habrá una paz universal (Isaías 2:4; Oseas 2:18; Miqueas 4:3).

4. Volverá la longevidad como la de la época patriarcal (Isaías 65:20-23).

5. Antes del milenio y en el transcurso del mismo se experimentará un avivamiento general (Isaías 66:3: Joel 2:28,29).

6. Todos conocerán al Señor durante el milenio (Isaías 2:2; Zacarías 14:9).

7. Habrá productividad en todo sentido como nunca la ha habido desde la caída del hombre (Isaías 65:21-25).

II. Acontecimientos de los últimos días

Los cristianos debemos estar conscientes de que estamos viviendo en los últimos días. En la Biblia se anuncian ciertos acontecimientos que han venido a constituirse en señales de estos postreros tiempos.

1. Tal como lo anunciaba la Palabra de Dios, en este tiempo han proliferado las doctrinas y religiones falsas que niegan y contradicen las Sagradas Escrituras (2 Tesalonicenses 2:3; 1 Timoteo 4:1).

2. Los judíos han regresado a Palestina, lo cual es una de las señales de los últimos días (Ezequiel 37:21).

3. La tendencia a establecer un gobierno universal (Apocalipsis 13:7). De esto ya ha habido indicios en los esfuerzos de las superpotencias y también en organizaciones mundiales como las Naciones Unidas y otras.

4. La amenaza de una guerra mundial final. El mundo ya sufrió los estragos de dos guerras mundiales y hoy, más que nunca, las grandes naciones están preparándose con armas nucleares y convencionales para una guerra mucho más terrible. El temor de una confrontación de tal magnitud ha hecho que los gobiernos busquen la manera de hacer pactos y convenios de paz y de desarme. "Pero cuando digan: Paz y seguridad, entonces vendrá sobre ellos destrucción repentina, como los dolores a la mujer encinta, y no escaparán" (1 Tesalonicenses 5:3; Apocalipsis 6:8; 9:18).

5. La contaminación ambiental. El agua y el aire, que son elementos básicos para la vida en este planeta, están terriblemente contaminados, al grado de poner en peligro a la humanidad (Apocalipsis 8:10,11; 16:1-21).

6. Todo indica que el mundo se está preparando para lanzar una ofensiva final contra los judíos en su propia

tierra. Cristo pondrá fin a ese conflicto, estableciendo su reino sobre los judíos y sobre todo el universo (Mateo 25:31-46; Apocalipsis 16:16; 19:11,21).

Todo esto indica que debemos consagrar nuestra vida al Señor, vivir en santidad y servirle con integridad. A pesar de todas las señales de los últimos días, mencionadas anteriormente, nadie sabe el día ni la hora de la venida del Señor. Por eso debemos mantenernos en estado de vigilancia y lealtad a las enseñanzas de las Escrituras. Debemos ocuparnos en predicar el evangelio con entusiasmo y amor para que las almas se salven, pues el tiempo es corto.

III. Lo que sucederá después del milenio

1. **Condenación eterna.** Después del milenio se efectuará la resurrección de todos los muertos impíos para que comparezcan ante el Gran Trono Blanco. Allí los pecadores serán juzgados por sus malas obras, después de lo cual serán lanzados al lago de fuego para ser atormentados eternamente (Mateo 25:41; Apocalipsis 20:10-15).

2. **Cielo nuevo y tierra nueva.** Después del juicio y la condenación de Satanás y de todos sus servidores, Dios establecerá un nuevo orden de cosas para los suyos (Isaías 65:17-25; 2 Pedro 3:10; Apocalipsis 21:1-3; 22:5).

Preguntas de repaso

1. ¿Qué significa la palabra "milenio"?

2. ¿Cuándo empezará el milenio?

3. ¿Con qué acontecimiento terminará el reino milenial de Jesús?

4. Mencione algunas de las condiciones que existirán en el mundo durante el milenio.

5. Mencione algunas de las señales de los últimos días.

6. ¿Qué mensaje contiene para el mundo la contaminación ambiental?

7. ¿Cuál es el mejor consejo para el creyente en vista de la proximidad de la venida del Señor?

8. ¿Para quiénes se ha preparado el lago de fuego?

9. ¿Hasta cuándo establecerá Dios el cielo nuevo y la tierra nueva que se anuncian en la Biblia?

Estudio 22

SATANAS

La existencia de Satanás como el instigador y responsable de todo lo malo que sucede en el universo es otra de las enseñanzas fundadas en la Palabra de Dios. Algunos niegan a Satanás, pero eso no es más que otra de las estrategias del maligno enemigo de Dios. Negar la existencia del diablo es tan erróneo como someterse a su dominio. Es deber de todo cristiano conocer lo que enseñan las Escrituras acerca del adversario y saber cómo enfrentarse a él.

I. Su origen y naturaleza

Como todos los ángeles, Satanás fue creado como un ser angelical de gran belleza y esplendor. Al igual que los seres humanos, este ángel fue creado en pureza y con libre albedrío (con plena facultad para escoger entre lo bueno y lo malo). El siguiente pasaje nos habla del origen de este ser como un agente especial de Dios en el cielo. También da indicaciones de su rebelión contra Dios y de su caída del lugar de esplendor en que había sido puesto: "Tú, querubín grande, protector, yo te puse en el santo monte de Dios, allí estuviste; en medio de las piedras de fuego te paseabas. Perfecto eras en todos tus caminos desde el día que fuiste creado, hasta que se halló en ti maldad" (Ezequiel 28:14,15).

Es cierto que Ezequiel dirige estas palabras primeramente a un gobernante terrenal, el rey de Tiro, pero hay suficientes razones para entender que no se refiere solamente a él. El sujeto fundamental de las palabras del profeta era Satanás, el verdadero instigador del orgullo, de la crueldad y de la maldad de dicho rey. Ese orgullo y la actitud de soberbia llevaron a este príncipe a decir: "Sobre las alturas de las nubes subiré, y seré semejante al Altísimo" (Isaías 14:14). Dios castigó la rebelión de este ángel principal y lo arrojó a condenación eterna. Pero no cayó solo, sino que lo siguieron en su plan de altivez y rebelión muchos ángeles del cielo. La frustración y derrota de este "querubín grande" lo llevaron a buscar por todos los medios un lugar de abierta oposición al Altísimo al grado de querer ser adorado como "el dios de este siglo".

No hay que pensar en Satanás como un animal con cuernos y rabo, pues es un espíritu incorpóreo. Algunas veces se presenta como ángel de luz. Se opone a la obra de Dios, obstaculiza el evangelio, se posesiona de los malvados, los ciega y los engaña. En la Biblia se califica al diablo como tentador (Mateo 4:1), enemigo (Mateo 13:39), traidor (Juan 6:70), mentiroso (Juan 8:44), opresor (Hechos 10:38) y autor del pecado (1 Juan 3:8).

II. Sus nombres

El carácter de Satanás se puede descubrir más fácilmente por medio de los nombres que se le dan.

1. **Satanás**. Este nombre viene del hebreo *satan* que significa "enemigo", "adversario" y "acusador". Es el acusador de los hijos de Dios (Job 1:6-11; 2:1-5; Lucas 22:31). Se empeña en obstaculizar y oponerse a los propósitos de Dios (1 Tesalonicenses 2:18). Satanás quiere destruir a la Iglesia de dos maneras: desde dentro, por medio de enseñanzas falsas y desde afuera, a través de la persecución (1 Timoteo 5:15).

2. **Diablo**. Este nombre es una castellanización del

término griego *diábolos* que significa "calumniador", "acusador" y "tentador" (Mateo 4:1; Lucas 4:2; Efesios 6:11).

3. **Apolión**. En Apocalipsis 9:11 se le da el nombre griego de *Apolión*, del hebreo *Abadón*, que significa "destructor".

4. **Serpiente**. En Apocalipsis 12:9 y 20:2 se le da el nombre de "serpiente" al diablo o Satanás.

III. Sus motivos

A veces nos preguntamos: ¿por qué Satanás está tan empeñado en hacernos daño? La mejor respuesta es la que indica que el odio de Satanás hacia el ser humano se debe a que ve reflejada en este la imagen de su eterno Creador. Además, el diablo nos ataca porque nos tiene envidia. El sabe cuál es nuestro destino si perseveramos en el Señor. Por eso, su tarea principal consiste en hacernos fracasar en la vida espiritual.

IV. Su obra

1. La esfera de acción de Satanás no está restringida a un solo sitio. Tiene acceso a Dios (Job 1:6; Lucas 10:18), viaja por los aires (Efesios 6:12), rodea el mundo (Job 1:7; 2:2).

2. Es el originador del pecado (Génesis 3:1-6).

3. Es el autor de la gran mayoría de las enfermedades (Exodo 15:26; Eclesiastés 12; Lucas 13:16; Juan 9:1-3; 11:3,4).

4. Es el autor de la muerte (Hebreos 2:14).

5. Una de sus tareas más comunes es tentar al ser humano a rebelarse y pecar contra Dios (Mateo 4:1-11).

6. Se empeña en poner lazo y trampa a los humanos para que caigan (1 Timoteo 3:7).

7. Pone malos pensamientos en el corazón del hombre para que éste haga lo malo (Juan 13:2).

8. Ciega el corazón de los seres humanos (2 Corintios 4:4).

9. Entra en el ser humano y lo hace realizar hechos condenables (Juan 13:27).

10. Arrebata la buena semilla y siembra en su lugar la cizaña (Mateo 13:37-39).

11. Dará poder al anticristo para que éste realice sus malévolos planes (2 Tesalonicenses 2:8-10).

12. Presenta resistencia y oposición a los siervos de Dios (2 Corintios 12:7).

13. Es un constante acusador de los cristianos (Apocalipsis 12:10).

14. Seduce e intimida a los seres humanos (2 Corintios 11:3; 1 Pedro 5:8).

15. Es el impulsador del ocultismo, el espiritismo, la magia, la santería, la brujería, la hechicería, la astrología y cosas semejantes a estas.

16. Posee a los hombres y los convierte en instrumentos de los demonios.

V. Sus limitaciones

1. A pesar de todo el despliegue de maldad y de lo horrible del poderío satánico, los cristianos descansan al saber que la omnipotencia de Dios le ha puesto limitaciones de las cuales no puede pasar. La Biblia enseña que Dios tiene en su mano la supremacía fundamental de todo el imperio social y político del mundo. Por ejemplo, en el caso de Job nos percatamos de que

Satanás solamente pudo hacer lo que le fue permitido por Dios (Job 1:12; 2:6).

2. En la Palabra de Dios también aprendemos que el cristiano que se somete a Dios está en la capacidad de resistir al diablo y hacerlo huir derrotado (Santiago 4:7).

3. Además, se nos indica que la presencia del Espíritu Santo restringe al presente la obra maligna del diablo (2 Tesalonicenses 2:6,7).

4. Por otra parte, Satanás está en desventaja porque sabe que su derrota final empezó a obrarse con la muerte y la resurrección de Jesucristo; que será atado durante el milenio y que finalmente será lanzado al lago de fuego con todos los que le siguen (Apocalipsis 20:10).

VI. Conclusión

Como cristianos debemos comportarnos de acuerdo a ciertas recomendaciones que se nos dan en la Biblia con relación a Satanás.

1. Tenemos que ser sabios y vivir siempre velando para no caer en la trampa del diablo (2 Corintios 2:11).

2. También se nos manda que no le demos lugar en nuestra vida (Efesios 4:27).

3. Debemos presentarle resistencia siempre para que huya de nosotros (Santiago 4:7).

4. Además, debemos vestirnos siempre con la armadura de Dios (Efesios 6:11-17).

El obrero cristiano debe recordar que su lucha es contra Satanás y sus huestes malignas; que las almas fuera de Cristo están bajo el poder del diablo. Esto debe motivarnos a proclamar el evangelio para que todos sean liberados del pecado y del poder del maligno. Para esto contamos con la presencia permanente y la ayuda poderosa del Espíritu Santo.

Preguntas de repaso

1. Muchos niegan al diablo. ¿Por qué se dice que esta es una estrategia más del maligno?

2. ¿En qué momento de la creación, y en qué categoría creó Dios a Satanás?

3. ¿Cuáles son los dos personajes a los que se refieren las palabras de Ezequiel 28:14,15?

4. Mencione y explique los distintos nombres que se le da en la Biblia a Satanás.

5. Mencione las dos razones principales por las que el diablo ataca a los hijos de Dios.

6. Satanás no está restringido a un sitio para su obra maligna. Explique las esferas en las que opera.

7. Mencione por lo menos cinco maneras en que el diablo realiza su obra maligna.

8. ¿Por medio de quién obrará el diablo durante la tribulación, según 2 Tesalonicenses 2:8-10?

9. ¿Con qué limitaciones se encuentra Satanás en el mundo hoy?

10. ¿Cómo debe reaccionar el cristiano frente al poderío satánico?

Estudio 23

URBANIDAD EN EL CULTO PENTECOSTAL

"Yo me alegré con los que me decían: A la casa de Jehová iremos" (Salmo 122:1). La asistencia a los servicios y demás actividades de la iglesia es un deber ineludible de todo cristiano. Sin embargo, no basta el estar presente; lo más importante es comportarse en el templo de tal manera que agrade al Señor y obtenga el máximo beneficio espiritual.

A continuación se enumeran algunas reglas de urbanidad en el culto pentecostal:

1. Llegar temprano al culto, ir al altar a orar antes de que comience el culto devocional. Al sentarse debe tomarse un momento para la meditación.

2. Sentarse lo más al frente posible, a menos que se llegue tarde. En tal caso deberá hacerlo en los asientos de atrás para no interrumpir el servicio. Si al llegar al templo ve que se está leyendo la Palabra u orando, debe esperar en la puerta hasta terminada la lectura u oración. Al entrar camine en forma moderada y con paso lento.

3. No permita que sus niños corran o caminen por los pasillos del templo. Si necesitan ir al baño, llévelos usted mismo. Las madres deben ver que sus niños no lloren para no interrumpir la predicación.

4. Es deber de todo creyente mostrar reverencia en la casa de Dios y participar en los cánticos y de la adoración.

5. No distraiga su atención ni la de los que estén a su lado. Manténgase atento a lo que está sucediendo en el culto.

6. Déle oportunidad al Espíritu Santo para que sature su corazón y llene su vida con su santa presencia. Esto le permitirá regresar a su hogar lleno de bendición.

7. Al terminar el culto se debe saludar a los hermanos con amor y afabilidad, pero no se debe usar el templo para quedarse conversando largamente ni haciendo ruidos innecesarios. Se debe respetar la casa de Dios.

8. Si tiene automóvil, no toque la bocina para llamar la atención. Recuerde que eso no agrada nada a los vecinos.

9. Procure llevar siempre su Biblia y su himnario a la iglesia para poder participar de todo lo que allí se haga.

10. Si se le invita a participar en el culto con testimonios, cantos, predicación u otras actividades, hágalo con toda dedicación y espontaneidad, sin exageraciones ni abuso del tiempo. Recuerde que otros también querrán participar.

11. Asista siempre a los cultos con una actitud de humildad, fervor y buena disposición, como se enseña en 1 Corintios 14:26 y Hebreos 10:25.